Tolle Sachen
zum Selbermachen

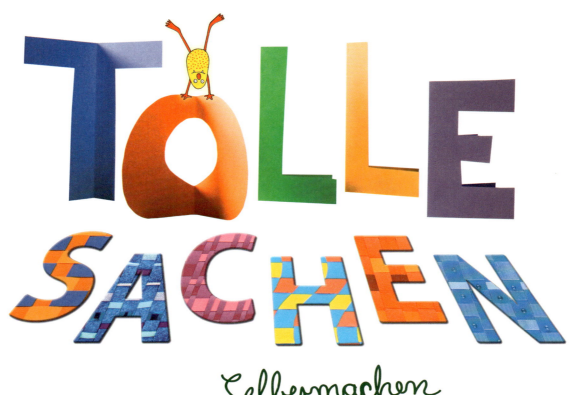

TOLLE SACHEN
zum Selbermachen

Ravensburger Buchverlag

Dieses Buch ...

... steckt voller Ideen zum Basteln und Ausprobieren. Auf den meisten Doppelseiten findest du einfache Anleitungen, die eine Grundtechnik zeigen, und dazu viele Vorschläge, was man damit noch alles machen kann.

177 — Vögel und Spinnen mit dem Daumen drucken – Seite 64

Inhalt

Burgen zeichnen	6
Eier verzieren	8
Schmetterlingscollage	10
Fingerdruck-Figuren	12
Papiergirlanden	14
Bunte Käfer	16
Bilder aus Seidenpapier	18
Dinosaurier malen	20
Piratenhüte	22
Lustige Monster	24
Kleine Kugelmonster	25
Coole Cowboys	26
Gedruckte Schmetterlinge	28
Eine Landschaft malen	30
Pop-up-Karten	32
Blumen drucken	34
Hübsche Masken	36
Tiermasken	37
Bunte Girlanden	38
Blätterdruck	40
Pustemonster	42
Hunde zeichnen	44
Unterwassercollage	46
Tiere aus Filz	48
Verkehrschaos	50
Papier bemalen	52
Karten zum Aufstellen	54
Anhänger	56
Perlen und Pailletten	58
Weihnachtsschmuck	60

Lustige Figuren aus Holzbesteck – Seite 106

299 Pirat
304 Hund
301 Löwe
298 Cowboy

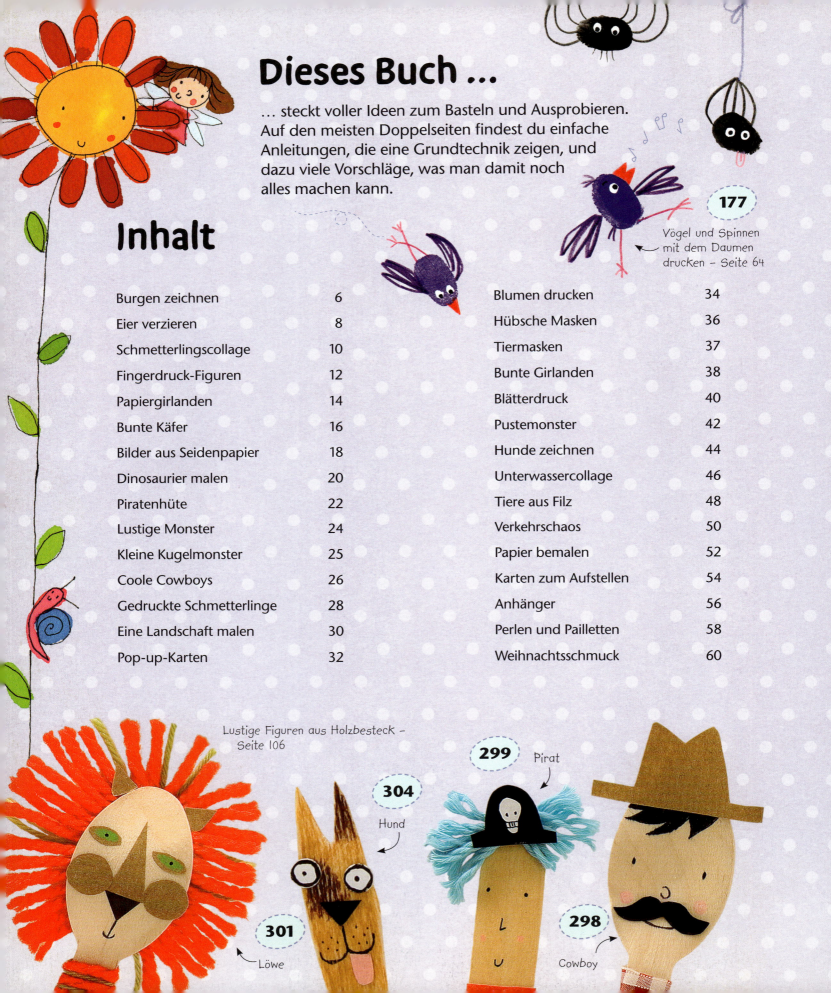

22 Piratengirlande – Seite 14

55 Kleine Kugelmonster – Seite 25

215 Lesezeichen – Seite 76

Im Weltraum	62	Recycling-Roboter	92
Vögel und Krabbeltiere	64	Bedruckte Schlangen	94
Tiere aus Papier falten	66	Zeitungscollage	96
Mit dem Schwamm drucken	68	Valentinskarten	98
Quilling	70	Filzgesichter	100
Papiermonster	72	Mit Wachs und Farbe malen	102
Zauberhafte Feen	74	Katzen zeichnen	104
Lesezeichen basteln	76	Holzköpfe	106
Kartoffeldruck	78	Strandtiere	108
Libellen und Käfer	80	Karten prägen	110
Schneeflocken	82	Reibetechnik	111
Schachteln verzieren	84	Schwammdruck-Tiere	112
Blumen malen	86	Papierschablonen	114
Türschilder	88	Weben mit Papier	116
Glitzerschmuck	90	Register	118

9 Monstereier Seite 9

222 Vögel drucken – Seite 78

210 Feen zeichnen – Seite 74

Burgen zeichnen

Mit den Ideen auf dieser Doppelseite kannst du verschiedene Burgen zeichnen. Verwende die einfache Burg unten links als Grundlage für alle Vorschläge.

1 Einfache Burg

Benutze einen schwarzen Filzstift.

1. Zeichne zuerst einen Turm mit Zinnen am oberen Rand, dann noch einen kleineren Turm darüber.

Vergiss das Schlüsselloch nicht.

2. Zeichne Bogenfenster und eine Tür ein. Male die Fenster aus und verziere die Tür mit Linien.

2 Ritterburg

Zeichne Fahnen, die im Wind flattern.

Setze eine Reihe Steine rund um die Tür.

Die Tür bekommt Scharniere.

Zeichne eine Burg mit einer Burgmauer um den unteren Turm und noch einen kleinen Turm oben in die Mitte. Füge viele Mauersteine ein.

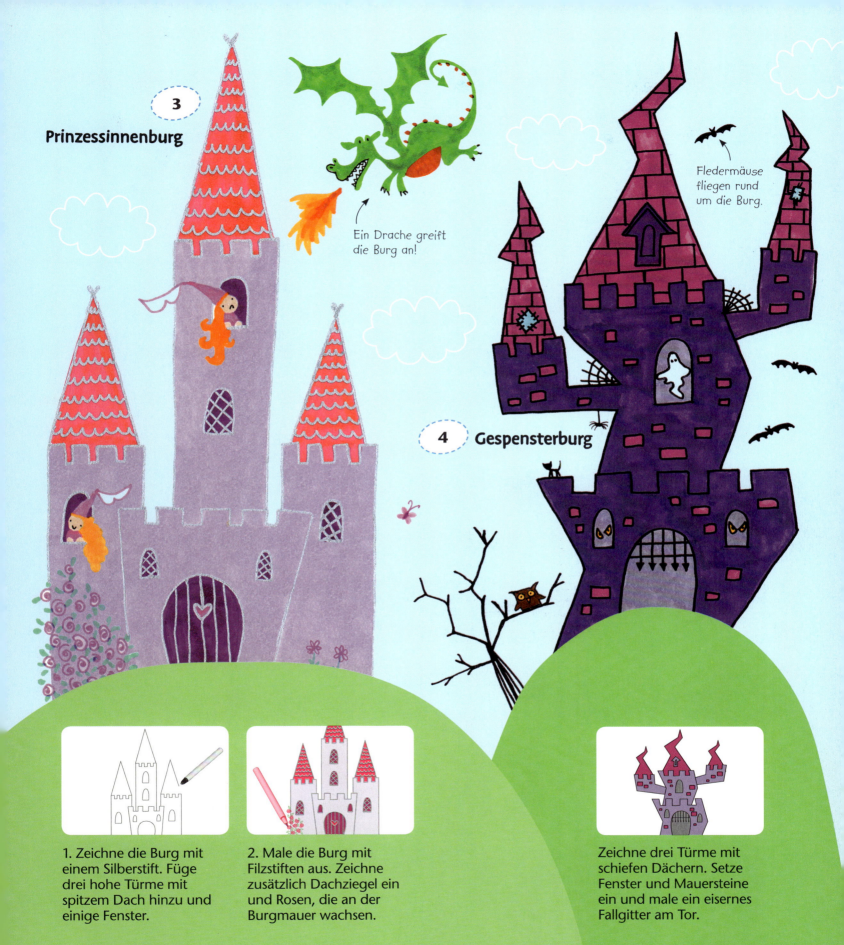

3 Prinzessinnenburg

Ein Drache greift die Burg an!

4 Gespensterburg

Fledermäuse fliegen rund um die Burg.

1. Zeichne die Burg mit einem Silberstift. Füge drei hohe Türme mit spitzem Dach hinzu und einige Fenster.

2. Male die Burg mit Filzstiften aus. Zeichne zusätzlich Dachziegel ein und Rosen, die an der Burgmauer wachsen.

Zeichne drei Türme mit schiefen Dächern. Setze Fenster und Mauersteine ein und male ein eisernes Fallgitter am Tor.

Eier verzieren

5 Ein Ei bekleben

Eiweiß und Dotter brauchst du nicht.

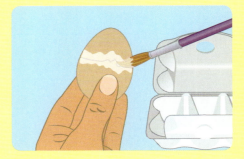

1. Schlage das Ei am Rand einer Tasse auf, sodass ein Riss entsteht. Halte das Ei über eine Tasse und brich es mit den Daumen vorsichtig auseinander.

2. Spüle die beiden Eierschalenhälften unter fließendem Wasser aus und lass sie trocknen. Streiche dann vorsichtig Leim auf den Rand einer Hälfte.

3. Setze die andere Hälfte so darauf, dass die Ränder zusammenpassen. Streiche dann Leim über den Riss, um ihn zu schließen. Lass das Ei in einem Eierkarton trocknen.

4. Reiße Seidenpapier in viele kleine Stücke. Bestreiche eine Hälfte des Eis mit Leim und drücke das Seidenpapier darauf. Streiche noch einmal Leim darüber.

5. Wenn eine Hälfte trocken ist, bestreiche die andere mit Leim und bedecke sie mit Seidenpapier. Gib noch einmal Leim darauf und lass alles trocknen.

6 Bemalte Eier

Male Muster auf die beklebten Eier. Verziere erst die eine Hälfte des Eis, lass die Farbe trocknen und bemale dann den Rest.

7 Muster aus Papier

Beklebe ein Ei. Schneide dann Formen aus Seidenpapier aus und klebe sie darauf.

8 Wackeleier

Befestige ein Klebepad unten im Ei und klebe dann beide Hälften mit Leim zusammen. Das Ei wackelt jetzt von einer Seite zur anderen.

9 Monstereier

Klebe Augen und ein Maul auf ein Ei. Schneide aus dünnem Karton Hörner aus und falte das untere Ende um. Klebe sie auf das Ei.

Falte die Hörner so.

Bastle nach diesen Vorschlägen Monster mit unterschiedlichen Gesichtern.

10 Osterhasen

Schneide lange Ohren aus, falte das untere Ende um und klebe sie oben auf die Eier.

11 Babyeier

Aus einem kleinen Ei kannst du einen kleinen Hasen oder ein Küken basteln.

12 Küken

Für ein Wackelküken schneidest du Flügel und Schnabel aus Papier zu und klebst sie auf.

Schmetterlingscollage

13 Einfacher Schmetterling

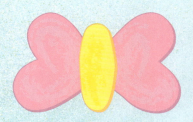

1. Zeichne den Umriss von Schmetterlingsflügeln auf ein Stück Stoff. Schneide sie aus und klebe sie auf festes Papier. Schneide einen Körper aus und klebe ihn ebenfalls auf.

2. Verziere die Flügel mit Kreisen aus Papier oder anderem Material, mit Knöpfen und Pailletten. Male gebogene Fühler. Füge dann Augen und die Streifen auf dem Körper hinzu.

14 Schmetterling auf Blume

Schneide einen Flügel aus und klebe einen Körper darauf. Setze den Schmetterling auf eine Blume. Male Fühler und Beine dazu.

15 Libelle

Schneide lange, glänzende Flügel und einen gebogenen Körper aus. Füge einen ovalen Kopf hinzu und klebe Pailletten als Augen auf.

16 Käfer

Verziere den Käfer mit kleinen Perlen. Klebe sie auf die Flügel und an die Enden der Fühler.

17 Biene

Schneide aus gelbem Stoff einen ovalen Körper zu. Male schwarze Streifen, Augen, Mund und Beine auf. Verwende Glanzpapier für die Flügel.

18 Blumen

Schneide Blütenblätter aus unterschiedlichen Stoffen aus. Klebe einen Kreis in die Mitte und verziere ihn mit Knöpfen oder Perlen. Male dann die Stängel.

Fingerdruck-Figuren

Mit den Ideen auf dieser Doppelseite kannst du aus Fingerabdrücken verschiedene Figuren gestalten. Verteile für den Fingerabdruck etwas Farbe auf einem alten Teller. Tauche deinen Mittelfinger hinein und drücke ihn auf Papier.

19 Strichmännchen

Mit Augen und Mund sowie Strichen für Arme und Beine werden aus den Fingerabdrücken kleine Männchen.

20 Berufe und Hobbys   Mit Kleidern und Accessoires entstehen aus den Fingerabdrücken unterschiedliche Personen, zum Beispiel ein Rennfahrer oder ein Taucher.

21 Frisuren und Gesichter

Du kannst auch verschiedene Frisuren und Gesichtsausdrücke zeichnen.

Papiergirlanden

22 Piratengirlande

Verteile den Klebstoff entlang des Falzes.

1. Schneide für die Flaggen mehrere Papierstreifen zu. Falte sie jeweils in der Mitte, die kurzen Seiten aufeinander. Zeichne mit Filzstift Streifen auf einige Flaggen.

2. Zeichne an das offene Ende jeder Flagge ein umgekehrtes V. Lass die Flagge gefaltet und schneide das V aus.

3. Verziere die Flaggen mit Bildern aus Papier. Klappe die Flaggen auseinander und bestreiche den Falz mit Klebstoff. Falte sie über einen langen Faden. Lass den Kleber trocknen.

Schneide den Säbel aus Glanzpapier zu.

23 Prinzessinnengirlande

Falte Rauten in der Mitte, sodass dreieckige Fahnen entstehen. Verziere sie mit hübschen Kronen und Herzen.

24 Blumengirlande

Falte Papier und schneide Blüten und Blätter aus. Zeichne die Muster mit Filzstift auf.

25 Fußballgirlande

Verziere Trikots mit Streifen aus Papier. Klebe Bälle auf die runden Fahnen.

Bunte Käfer

26 **Spinne**

1. Zeichne einen Spinnenkörper auf Wellpappe. Schneide ihn aus und bemale ihn. Während die Farbe trocknet, schneidest du aus Pfeifenreinigern vier Beine zu.

2. Stecke einen Pfeifenreiniger nahe am Kopf durch eine Lücke zwischen den Pappschichten. Schiebe auch die anderen Pfeifenreiniger durch die Pappe und biege sie.

3. Die Augen entstehen aus etwas Seidenpapier. Drücke es zu Kugeln zusammen und rolle sie zwischen den Händen. Klebe sie auf und male auf jede einen Punkt.

27 **Viele Beine**

Bastle einen Tausendfüßler aus Wellpappe. Schneide kurze Stücke Pfeifenreiniger ab und schiebe sie durch die Lücken.

28 **Fliegender Käfer**

Schneide aus dünnem Papier Flügel zu und klebe sie auf den Rücken des Käfers.

29 **Gestreifter Käfer**

Bastle einen Käfer mit Streifen.

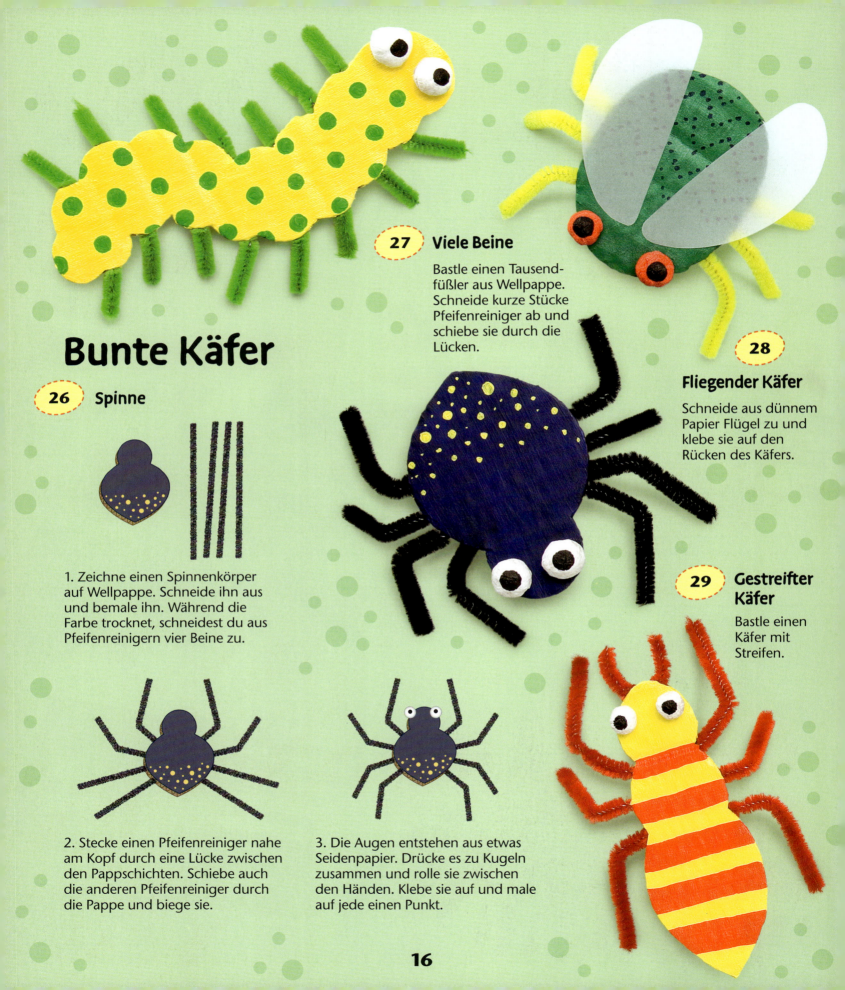

Bilder aus Seidenpapier

33 Festtagstorte

1. Schneide ein Rechteck aus Seidenpapier aus. Klebe es unten auf ein Stück Papier. Das ist die unterste Tortenschicht. Schneide dann ovale Formen aus und klebe sie in einer Reihe darüber.

2. Schneide weitere Schichten für die Torte aus und klebe sie auf. Jede neue Schicht muss schmaler sein als die vorhergehende. Schneide dann einen Kreis aus. Klebe ihn als Kirsche ganz oben auf die Torte.

Du musst die Umrisse nicht ganz genau nachzeichnen.

3. Wenn der Kleber getrocknet ist, zeichnest du mit einem feinen schwarzen Filzstift die Umrisse der Schichten nach. Füge Herzen, Wellenmuster, Streifen, Punkte usw. hinzu.

34 Geburtstagstorte

Bastle einen Kuchen mit Kerzen aus Seidenpapier. Klebe sie auf und zeichne auf jede eine Flamme.

35 Goldtupfer

Verziere deine Torte mit einem Goldstift.

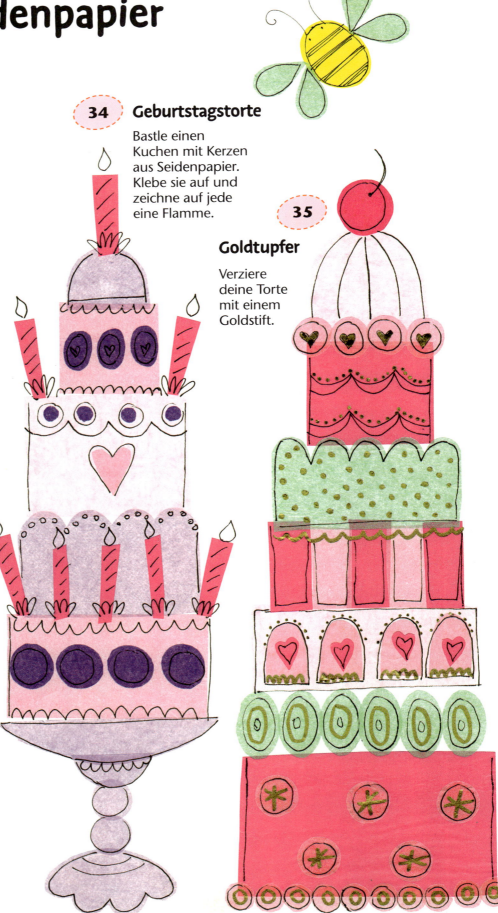

36 Geburtstagskarte
Bastle eine Geburtstagskarte, die du mit Seidenpapier verzierst.

37 Schmetterlinge
Schneide vier Flügel und den Körper für einen Schmetterling aus. Zeichne die gebogenen Fühler.

Du kannst auch eine Libelle basteln.

38 Eisbecher
Schneide die Formen für einen Eisbecher, drei Eiskugeln und eine Waffel aus Seidenpapier aus.

39 Hübsche Blumen
Schneide einen Kreis für die Blumenmitte aus. Ordne rundum die Blütenblätter an. Zeichne einen Stängel und klebe Blätter aus Papier dazu.

19

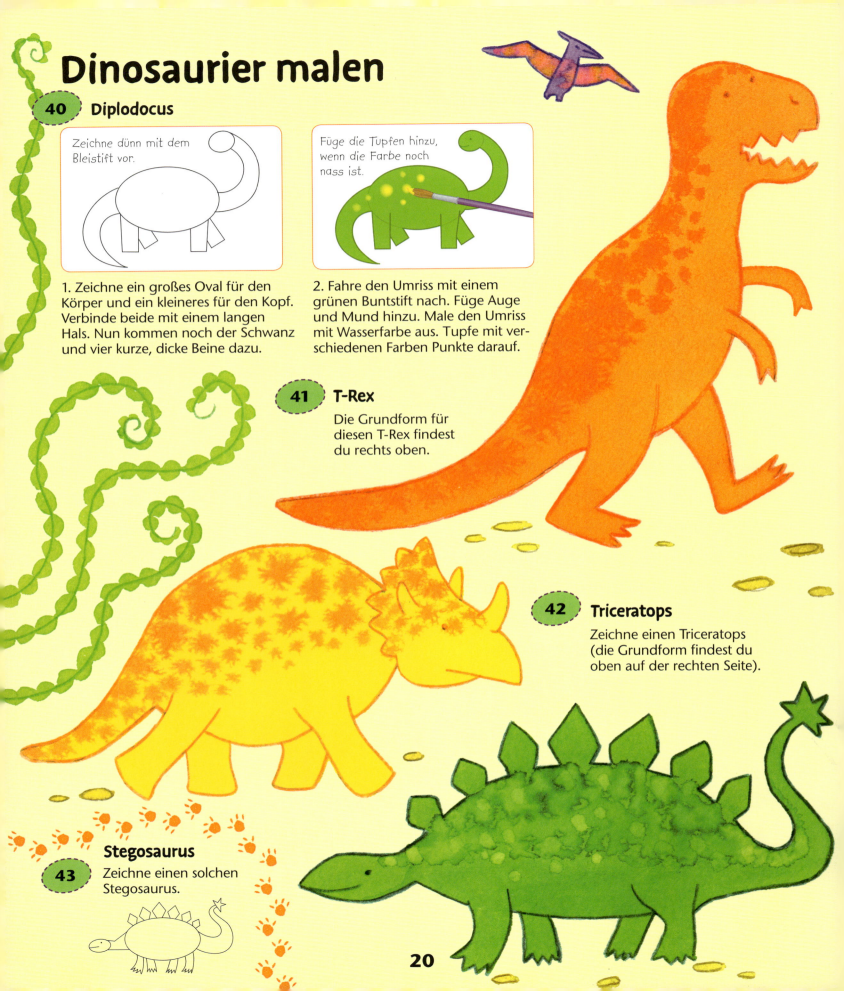

Dinosaurier malen

40 Diplodocus

Zeichne dünn mit dem Bleistift vor.

Füge die Tupfen hinzu, wenn die Farbe noch nass ist.

1. Zeichne ein großes Oval für den Körper und ein kleineres für den Kopf. Verbinde beide mit einem langen Hals. Nun kommen noch der Schwanz und vier kurze, dicke Beine dazu.

2. Fahre den Umriss mit einem grünen Buntstift nach. Füge Auge und Mund hinzu. Male den Umriss mit Wasserfarbe aus. Tupfe mit verschiedenen Farben Punkte darauf.

41 T-Rex

Die Grundform für diesen T-Rex findest du rechts oben.

42 Triceratops

Zeichne einen Triceratops (die Grundform findest du oben auf der rechten Seite).

43 Stegosaurus

Zeichne einen solchen Stegosaurus.

Piratenhüte

45 Runder Hut

1. Falte einen großen Bogen schwarzes Papier in der Mitte. Lege das Papier mit der Faltkante nach oben und stelle einen kleinen Teller darauf. Zeichne wie im Bild eine Linie um den Teller.

2. Lass das Papier gefaltet und schneide entlang der gebogenen Linie. Zeichne einen Totenkopf und gekreuzte Knochen auf weißes Papier (siehe unten).

3. Schneide Totenkopf und Knochen aus und klebe sie auf eine Seite des Hutes. Bestreiche dann die beiden offenen Enden des Hutes mit Klebstoff und presse sie aufeinander.

Nach dieser Vorlage kannst du Totenkopf und Knochen malen (siehe Schritt 2).

Du kannst Totenkopf und Knochen auch mit Filzstift auf den Hut malen.

46 Gefalteter Hut

1. Falte einen großen Bogen Papier in der Mitte. Glätte die Faltkante gut und drehe das Papier so, dass sie oben liegt.

2. Falte das Papier so, dass die kurzen Seiten aufeinanderliegen, und markiere die Mitte mit einem Knick. Klappe das Papier wieder auf und falte eine Ecke nach unten.

3. Falte auch die andere Ecke nach unten. Klappe dann am unteren Rand die obere Lage Papier nach oben. Dreh den Hut um und wiederhole das Ganze.

47 Federhut

Schneide aus einem Papierstreifen eine Feder zu und klebe sie an den Hut.

Du kannst Totenkopf und Knochen auch auf einen Papierkreis zeichnen und dann auf den Hut kleben.

Lustige Monster

48 Grundform

1. Für den Körper des Monsters malst du mit Bleistift eine Bohnenform auf Papier.

2. Zeichne Augen, eine große Nase und einen Mund ein. Füge Hörner hinzu. Male das Monster dann mit Filzstift aus.

49 Arme und Beine

Zeichne Monster mit Armen und Beinen.

50 Punkte und Streifen

Verziere deine Monster mit Mustern.

51 Monsterhaustier

Ein Monsterhund entsteht aus einer Form mit einer Spitze an einem Ende. Füge Nase, Ohren, Beine und einen Schwanz hinzu.

52 Katz und Maus

Aus dem Umriss für das Monsterhaustier kannst du auch eine Katze oder kleine Mäuse machen.

53 Gassi gehen

Zeichne ein Monster, das seinen Hund Gassi führt.

Kleine Kugelmonster

Aus einem einfachen Kreis werden ebenfalls viele verschiedene Monster.

54 Rundes Monster

1. Nimm einen Filzstift, zeichne einen kleinen Kreis und male ihn aus.

2. Zeichne mit feinem schwarzen Filzstift Arme und Beine, Augen und einen Mund mit Zähnen.

55 Kurz oder lang?

Zeichne runde Monster mit besonders kurzen oder extra langen Armen und Beinen.

56 Hörner und Schwänze

Setze deinen Monstern kleine Hörner auf den Kopf und versieh das andere Ende mit einem Schwanz.

57 Augäpfel

Male weiße Augäpfel auf den Monsterkörper oder zeichne Augen auf Stielen an den Kopf.

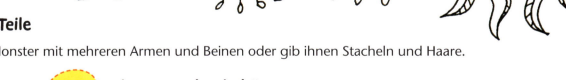

58 Weitere Teile

Zeichne Monster mit mehreren Armen und Beinen oder gib ihnen Stacheln und Haare.

59 Frisuren und Zubehör

Male Monster mit lustigen Frisuren, Hüten oder mit einer Brille.

61

Maskierter Schurke

Male deinem Cowboy eine Maske.

62

Cowgirl

Bastle ein Cowgirl. Klebe ein zweites Stück Trinkhalm auf den Rücken und befestige die Beine daran.

Coole Cowboys

60

1. Zeichne einen Umriss für das Gesicht des Cowboys. Male ein Hemd, die übrige Kleidung, Cowboystiefel und einen großen Hut dazu. Zeichne die Hände extra.

2. Male alles mit Buntstift aus. Zeichne Chaps (Überhosen) und verziere sie mit kleinen Dreiecken als Fransen. Fahre die Umrisse mit einem schwarzen Filzstift nach.

3. Schneide den Körper und die Hände aus und drehe alles um. Schneide ein kurzes Stück Trinkhalm ab und befestige es wie im Bild mit Klebeband auf dem Körper.

65 Haariges Monster
Bastle ein Monster mit vier Händen. Klebe für die Arme und Beine drei Trinkhalmstücke auf den Körper.

63 Pirat
Bastle einen Piraten mit einem Säbel in der Hand.

4. Ziehe ein Stück Faden durch den Trinkhalm. Befestige die Hände mit Klebeband an den Enden. Klebe eine Fadenschlaufe zum Aufhängen an den Hut.

64 Gruseliges Skelett
Bastle ein Skelett. Übertrage die Umrisse auf dem Bild für Körper, Hände und Füße auf Papier. Schneide lange Fadenstücke für die Arme und Beine zu.

Gedruckte Schmetterlinge

Alle Bilder auf dieser Doppelseite kannst du mit den Händen und Fingern drucken.

Die Fühler werden mit Pastellkreide gemalt.

67 Fliegender Schmetterling

Für einen Schmetterling, der über einer Blüte schwebt, druckst du deine Hände überlappend ab. Setze den Körper darunter.

66 Schmetterling drucken

1. Presse deine Hände (ohne Daumen) in Farbe und drucke sie nebeneinander ab. Das sind die Flügel.

2. Wasch dir die Hände, presse den Zeigefinger in Farbe und drucke den Körper. Mit der Fingerspitze machst du den Kopf.

3. Wenn die Farbe trocken ist, zeichnest du die Fühler an den Kopf. Male Streifen auf den Körper und Muster auf die Flügel.

28

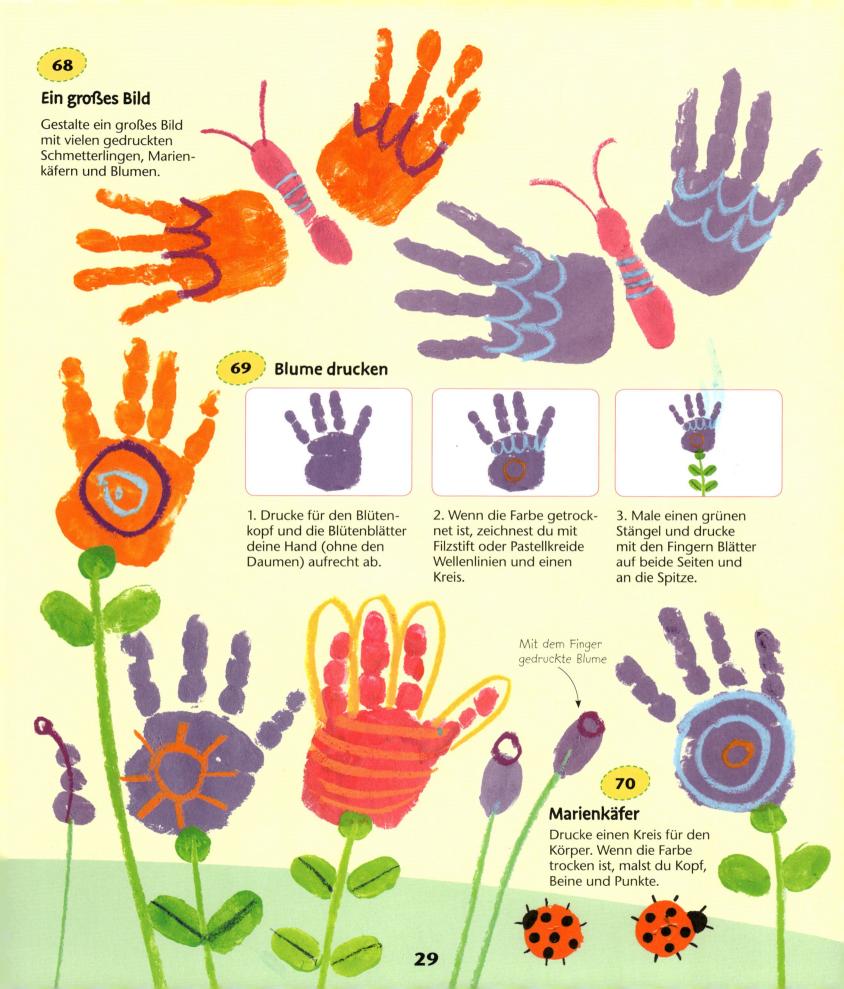

68 Ein großes Bild

Gestalte ein großes Bild mit vielen gedruckten Schmetterlingen, Marienkäfern und Blumen.

69 Blume drucken

1. Drucke für den Blütenkopf und die Blütenblätter deine Hand (ohne den Daumen) aufrecht ab.

2. Wenn die Farbe getrocknet ist, zeichnest du mit Filzstift oder Pastellkreide Wellenlinien und einen Kreis.

3. Male einen grünen Stängel und drucke mit den Fingern Blätter auf beide Seiten und an die Spitze.

Mit dem Finger gedruckte Blume

70 Marienkäfer

Drucke einen Kreis für den Körper. Wenn die Farbe trocken ist, malst du Kopf, Beine und Punkte.

Eine Landschaft malen

Male einen Traktor auf das Feld.

71 Hintergrund

Die Farbe darunter scheint durch.

1. Zeichne mit einem Bleistift den Umriss des ganzen Bildes. Füge einen Hügel in den großen Umriss ein und male ihn grün aus. Der Rest wird gelb.

2. Lass das Bild trocknen. Male dann verschiedene Felder mit dickflüssiger Farbe aus. Ritze mit dem Pinselstiel Linien und Spiralen in die Farbe, solange sie noch nass ist.

3. Wenn die Farbe trocken ist, zeichnest du verschiedene Gebäude auf den Rand des Hügels. Male sie mit einem dünnen Pinsel aus.

4. Male noch einmal über die Fenster und Dächer und kratze mit dem Pinselstiel Muster in die nasse Farbe. Füge auch Türen und kleine Fenster hinzu.

72 Ententeich

Male einen Teich. Wenn die Farbe trocken ist, setze eine Ente mit Küken hinein. Male Schilf ans Ufer.

Pop-up-Karten

75 Faltnasen

1. Falte ein Rechteck aus festem, weißem Papier in der Mitte. Schneide dann eine gebogene Linie in die Mitte des Falzes. Das wird die Nase. Falte die Nase nach vorne um.

2. Falte die Nase wieder nach hinten und öffne sie dann. Klappe die Karte auseinander und drücke die Nase mit dem Finger durch den Mittelfalz, wie auf dem Bild gezeigt.

76 Hintergrund anbringen

3. Dreh die Karte um. Zeichne einen Kopf um die Nase und den Umriss eines Schals darunter. Zeichne auch Haare und Ohren, Mund und Augen.

4. Male das Gesicht mit Filzstift oder Wasserfarbe aus. Schneide den Kopf samt Schal aus. Klappe die Karte vorsichtig zu, sodass die Nase flach in der Mitte liegt.

Gib keinen Klebstoff auf die Nase.

Gib deiner Karte einen Hintergrund, auf den du Grüße schreiben kannst. Falte einen Bogen festes Papier und klebe die Karte so hinein, dass die Faltkanten aufeinanderliegen.

77 Zauberer mit Hut und Mantel

Schneide eine kurze, gebogene Linie für den Hut in die gefaltete Karte und weiter unten eine viel größere für den Mantel. Zeichne Kopf, Arme und Beine auf die Karte. Füge einen Zauberstab und Spiralmuster im Hintergrund hinzu.

78 Raketenstart

  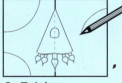

1. Zeichne eine halbe Rakete an die Faltkante. Male Flammen darunter.

2. Schneide die Flammen aus. Falte sie nach innen.

3. Zeichne Planeten und Sterne rund um die Rakete.

79 Fische im Wasser

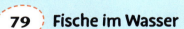

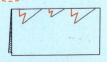 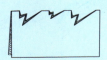

1. Zeichne drei Zickzacklinien unter die Faltkante, wie auf dem Bild. Lass dazwischen etwas Abstand.

2. Schneide an den Linien entlang und falte sie jeweils. Drücke dann die Formen in die Karte hinein.

3. Male den Hintergrund mit Wellen, Blasen und Korallen aus.

Blumen drucken

Alle Blumen auf dieser Doppelseite sind mit dem Finger an gemalte Stängel gedruckt. Verteile zum Drucken etwas Farbe auf einem alten Teller. Tauche deinen Mittelfinger in die Farbe und drücke ihn aufs Papier.

80 **Rote Tupfenblume**

Male zuerst die Stängel. Danach malst du mit dem Finger einen großen, rosa Kreis auf die Stängel. Wenn die Farbe trocken ist, tupfe mit dem kleinen Finger rote Punkte darauf.

Male lange Stängel mit vier Blättern an der Spitze.

81 **Blütenblätter**

Male lange, dünne Stängel. Drucke mit dem Mittelfinger entlang der Stängel überlappende Formen.

Drucke auch Bienen zwischen die Blumen.

82

Kleine Blüten

Winzige Blüten wie diese druckst du mit dem kleinen Finger.

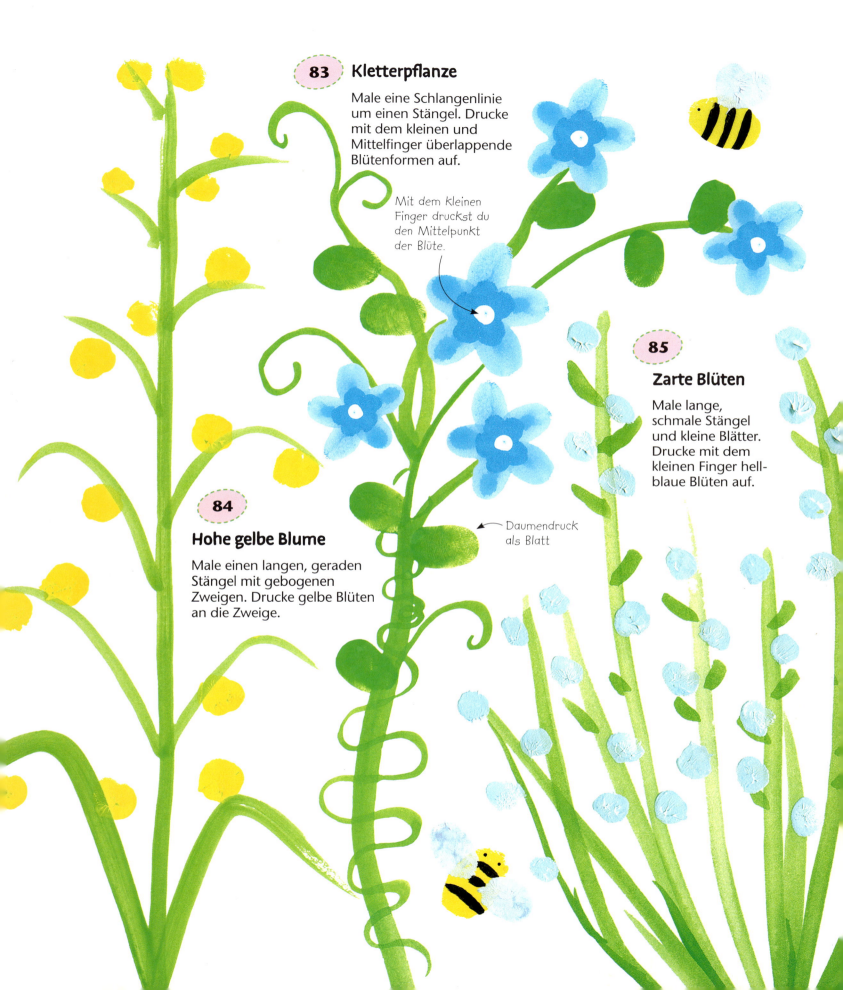

Hübsche Masken

86 Grundform

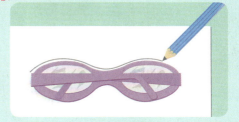

1. Lege eine Brille oder Sonnenbrille auf festes Papier oder dünnen Karton. Zeichne den Umriss sorgfältig mit Bleistift nach.

2. Zeichne zwei Löcher für die Augen ein und dann die Form der Maske rund um den Umriss der Brille. Schneide die Maske aus.

3. Stich mit einem spitzen Bleistift durch ein Augenloch. Vergrößere den Einstich mit der Schere und schneide die Augenform aus. Wiederhole das Ganze für das zweite Auge.

4. Biege das obere Ende eines Trinkhalms um und befestige es mit Klebeband als Griff an der Rückseite der Maske.

87 Harlekinmaske
Verziere die Maske mit Papierkaros und Glitzerpaste.

88 Glitzermasken
Verziere die Maske mit Glitter und funkelnden Aufklebern.

89 Verzierungen
Klebe Geschenkband auf und dekoriere es mit einem Metallicaufkleber.

Tiermasken

Befestige Gummiband oder Schnur an der Rückseite der Maske, damit du sie aufsetzen kannst.

90 **Tigermaske**

Für diese Maske schneidest du karoförmige Augenlöcher aus.

Verwende orangefarbenes Papier und male das Muster mit einem schwarzen Filzstift auf.

91 **Katzenmaske**

Verziere die Maske mit Pailletten und ausgeschnittenen Papierformen.

Schneide Kreise für die Augen aus.

93 **Affenmaske**

Schneide aus braunem Papier einen Affenkopf mit Gesicht zu. Beklebe die Ohren mit rosa Papier.

Schneide diese Formen für die Affen- und die Vogelmaske aus.

94 **Vogelmaske**

Schneide Federn aus Seidenpapier aus und klebe sie rund um die Maske.

92 **Schmetterlingsmaske**

Schneide Schmetterlingsflügel aus und kreisförmige Augenlöcher hinein. Bastle Fühler aus Geschenkband.

37

96 Käfer

Gestalte eine Girlande mit Käfern, Blättern und einer Blüte am oberen Ende.

98 Kleider

Entwerfe verschiedene Kleidungsstücke und klebe sie auf die Schnur.

97 Rosa und Lila

Bastle eine Girlande mit Gegenständen aus rosa- und lilafarbenem Papier.

Bunte Girlanden

95 Eine Girlande basteln

1. Zeichne die Sachen, die du an deine Schnur hängen willst, auf Papier und schneide sie aus. Schneide dann Einzelheiten wie die Flügel des Käfers aus oder male sie mit Filzstift auf.

2. Schneide ein langes Stück Schnur zu. Lege die Sachen, die du gebastelt hast, mit der Rückseite nach oben auf den Tisch und lege die Schnur darauf. Befestige sie mit Klebeband auf den Sachen.

101
Weltraum

An einer Weltraumgirlande kannst du Planeten, Sternschnuppen oder ein Raumschiff befestigen.

Auf Seite 62 steht, wie man eine Rakete bastelt.

99
Ritterburg

Bastle eine Girlande mit einer Burg ganz oben. Verwende Folie oder einen Metallicstift für Krone, Schwert usw.

100
Sport

Bastle eine Kette mit Bällen, Tennisschläger usw. Du kannst sie deinem Papa zum Vatertag schenken.

Blätterdruck

102 **So druckst du mit einem Blatt**

1. Gib etwas dicke Farbe auf einen alten Teller. Füge ein wenig Wasser dazu und vermische alles mit einem Pinsel, bis die Farbe ein bisschen flüssiger ist.

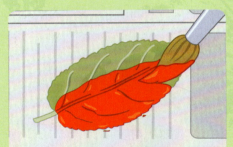

2. Lege ein Blatt auf eine alte Zeitung. Die Unterseite mit den Adern soll oben liegen. Streiche eine dicke Schicht Farbe darauf, bis das Blatt ganz bedeckt ist.

3. Drücke das Blatt auf ein Stück Papier, sodass ein Abdruck entsteht. Bestreiche es nochmals mit Farbe und drucke wieder damit. Mache viele Abdrücke und lass sie trocknen.

103 **Papagei**

Drucke verschiedene Blätter ab. Schneide die Abdrücke aus und klebe sie als Gefieder auf die Flügel des Papageis.

104 **Löwe**

Verwende Blattdrucke für die Mähne und die Schwanzspitze des Löwen.

106 Igel
Schneide viele Blattdrucke aus. Klebe sie in Reihen auf einen ovalen Körper. Beginne dabei von hinten.

105 Schildkröte
Schneide ein Stück Papier als Schildkrötenpanzer oval zu und drucke mehrere Blätter als Muster darauf.

108 Käfer
Stelle Käfer mit kleinen Blattdrucken als Körper und Flügel her. Zeichne die Einzelheiten mit Filzstift ein.

107 Giraffe
Drucke Blätter als Flecken auf eine Giraffe. Schneide einzelne Drucke für die Mähne und den Schwanz aus.

Pustemonster

109 Zweifarbenmonster

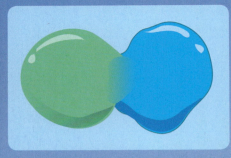

1. Gib grüne Farbe in einen Behälter und mische sie mit etwas Wasser, damit sie flüssiger wird. Fülle blaue Farbe in einen zweiten Behälter und verdünne sie ebenfalls.

2. Gib etwas von der grünen Farbe auf ein Blatt festes Papier. Gieße direkt daneben etwas blaue Farbe auf das Papier. Die Farben vermischen sich ein wenig.

3. Halte einen Trinkhalm über die Farbe und puste kräftig hinein. Die Farbe verteilt sich über das Papier. Puste immer weiter, bis eine Monsterform entstanden ist.

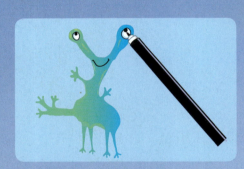

4. Streiche die Farbe mit dem Ende des Trinkhalms aus, um Stielaugen, Arme und Beine zu erhalten. Zeichne dem Monster Augen und einen Mund, wenn die Farbe trocken ist.

110 Dicke Lippe

Puste ein Monster aufs Papier und streiche die Farbe zu einem Mund mit dicken Lippen aus.

111 Fliegendes Monster

Zeichne dem Monster Flügel. Füge kleine Linien hinzu, damit es aussieht, als ob es fliegt.

42

112 Stielaugenmonster
Male dem Monster Augen. Zeichne die Pupillen an der Seite der Augen ein.

113 Viele Augen
Male ein Monster mit nur einem Auge oder mit ganz vielen Augen. Du kannst sie auch mit Wimpern oder Augenbrauen verzieren.

114 Feuermonster
Verwende rote und gelbe Farbe für das Feuermonster.

115 Zwei Köpfe
Du kannst auch ein Monster mit zwei Köpfen und vielen Armen und Beinen malen.

Hunde zeichnen

117 Dalmatiner

1. Zeichne den Kopf mit einem feinen Stift. Füge den Körper und vier lange Beine mit Pfoten hinzu.

2. Male einen Schwanz und Ohren. Zeichne die Nase und die Augen und male sie aus. Füge viele Tupfen hinzu.

116 Pudel

1. Tauche einen Finger in schwarze Farbe und drucke damit viele Punkte für den Körper. Füge Kopf, Füße und einen Schwanz hinzu.

2. Drucke den Hals mit dem Finger. Wenn die Farbe trocken ist, zeichnest du lange Ohren, Beine, Pfoten, eine Nase und einen Schwanz.

Zeichne die Flecken mit Buntstift.

Male auch Pfotenabdrücke.

118 Langhaariger Hund

1. Zeichne ein gekipptes V für die Schnauze. Füge dann mit verschiedenen Buntstiften viele Linien als Fell hinzu.

2. Zeichne dünn die Umrisse von Körper und Beinen. Füge dann wieder viele Linien für das Fell hinzu. Vergiss den Schwanz nicht.

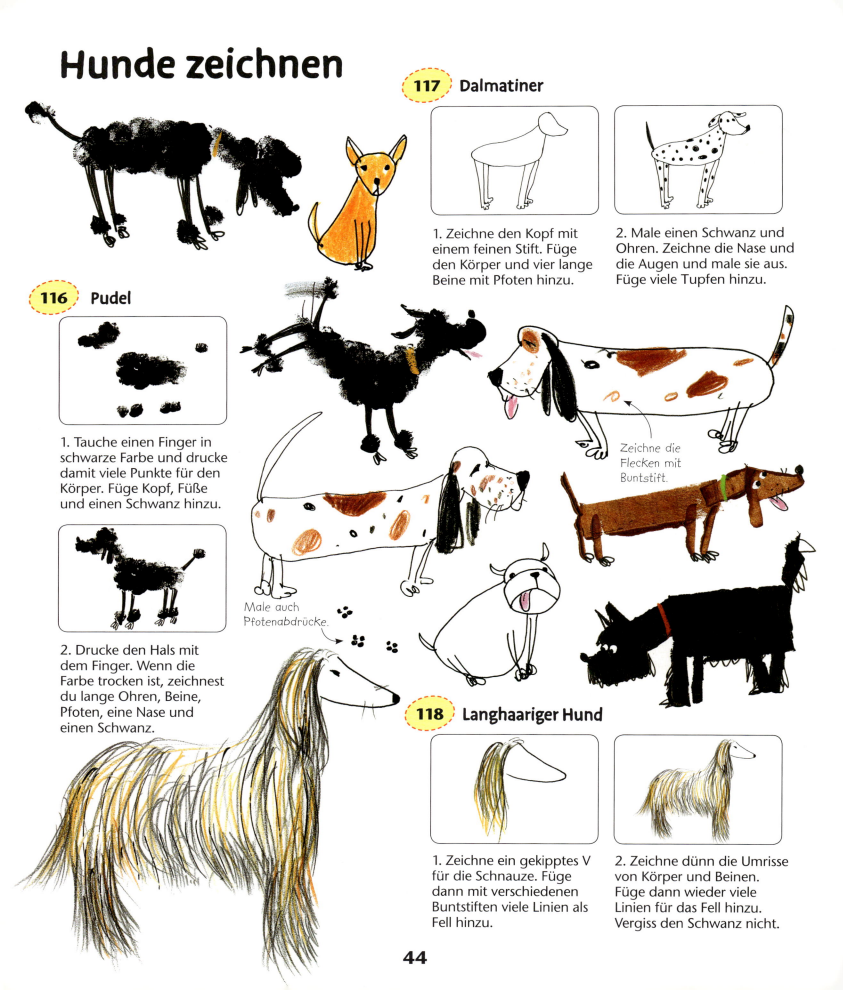

119 Hunde drucken

1. Verteile Farbe auf einem Teller. Schneide aus Pappe ein Rechteck zu und drücke es in die Farbe.

2. Ziehe die Pappe über das Papier, sodass ein Körper entsteht. Drucke den Hals mit einem kleineren Stück.

3. Drehe die Pappe für den Kopf. Drucke dann mit der Kante ein Ohr, vier Beine und einen Schwanz.

4. Male weiße Tupfen als Augen. Zeichne dann das Gesicht und die Pfoten. Ziehe dem Hund auch ein Halsband an.

Mit den Techniken und Ideen auf diesen Seiten kannst du verschiedene Hunde zeichnen.

120 Bulldogge

1. Zeichne Kopf und Körper. Male für die Schnauze eine gebogene Linie in den Kopf. Füge ein Halsband hinzu.

2. Zeichne Nase und Maul unter die gebogene Linie. Male Augen und Ohren, kurze Beine und ein Stummelschwänzchen.

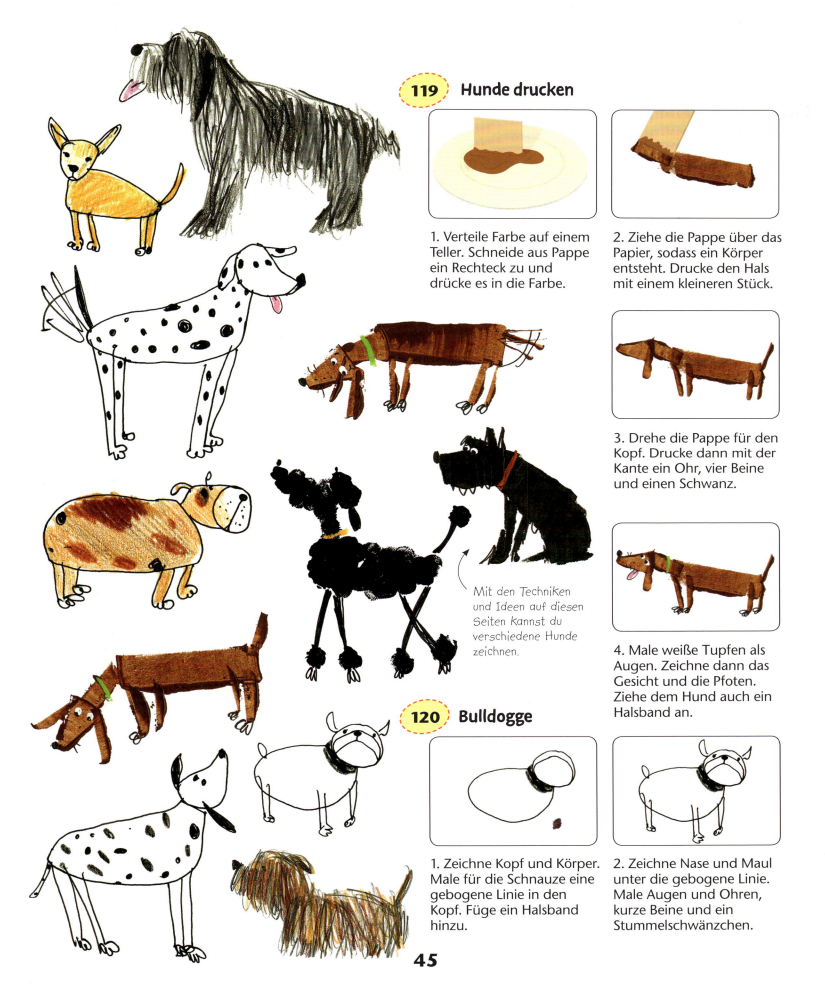

Unterwassercollage

Aus den Ideen auf dieser Doppelseite kannst du eine Unterwassercollage zusammenstellen.

121 Meer aus Seidenpapier

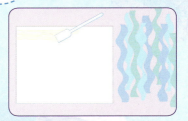 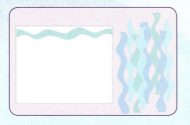 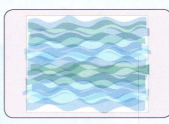 

1. Schneide viele Wellenstreifen aus Seidenpapier in verschiedenen Blautönen zu. Verteile Klebstoff am oberen Rand eines Blattes.

2. Lege einen der Seidenpapierstreifen auf den Klebstoff. Drücke ihn gut an, sodass er glatt am oberen Rand des Blattes liegt.

3. Klebe weitere Wellenstreifen auf, sodass sie sich überlappen. Mach so lange weiter, bis das ganze Papier bedeckt ist.

4. Schneide aus Seidenpapier auch einige unterschiedlich große Kreise als Luftblasen aus. Klebe sie auf die Wellenstreifen.

122 Rosa Fisch

Zeichne einen Fisch und schneide ihn aus. Stanze mit dem Locher einen Kreis aus Papier aus und klebe ihn als Auge auf.

123 Großer Fisch

Schneide Körper und Schwanz aus. Füge den Kopf und die Flossen hinzu. Schneide unterschiedlich große Kreise für das Auge aus.

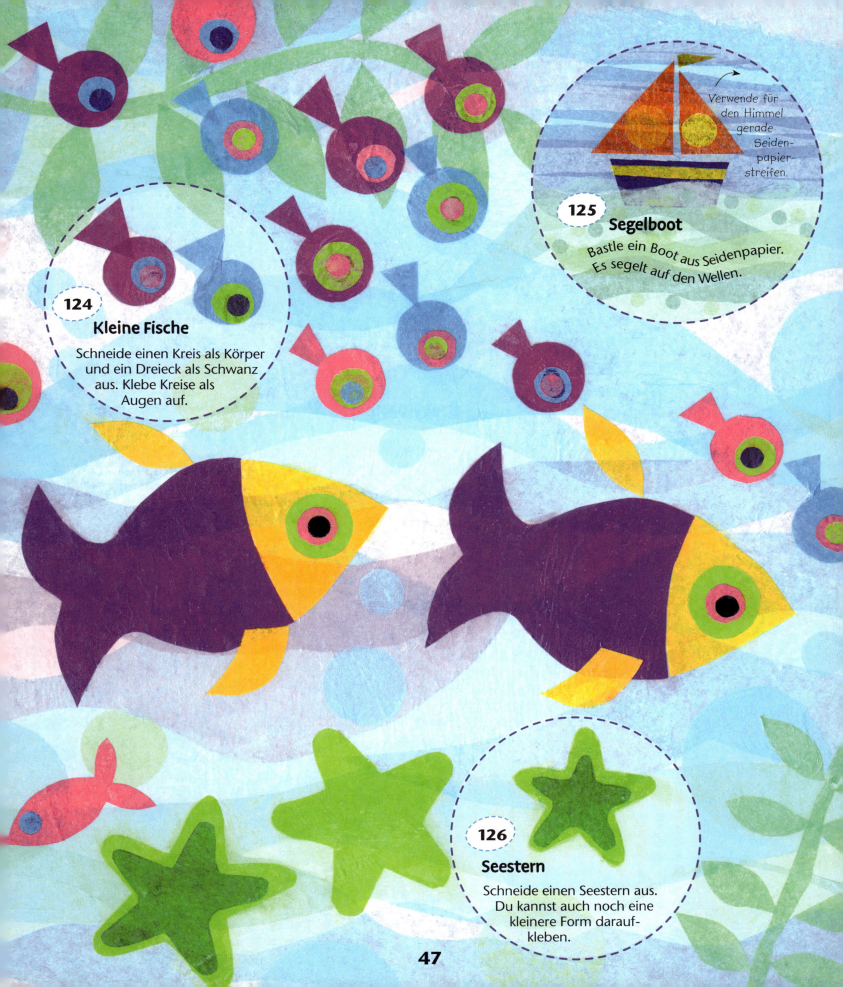

125 Segelboot
Verwende für den Himmel gerade Seidenpapierstreifen.
Bastle ein Boot aus Seidenpapier. Es segelt auf den Wellen.

124 Kleine Fische
Schneide einen Kreis als Körper und ein Dreieck als Schwanz aus. Klebe Kreise als Augen auf.

126 Seestern
Schneide einen Seestern aus. Du kannst auch noch eine kleinere Form daraufkleben.

47

Tiere aus Filz

127 Maus

1. Zeichne den Umriss einer Maus auf dünnes Papier. Schneide ihn aus. Falte ein Stück Filz in der Mitte und stecke die Papierschablone mit Stecknadeln darauf fest. Schneide rund um das Papier aus.

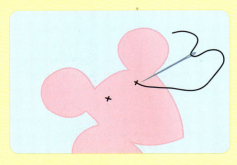

2. Nimm die Schablone ab. Fädle Garn für die Augen in eine Nadel und stich von hinten durch eine der Filzformen. Nähe einen schrägen Stich, dann einen von der anderen Seite, sodass ein X entsteht.

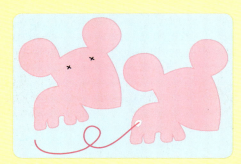

3. Sticke neben das erste noch ein zweites Auge und befestige den Faden auf der Rückseite. Schneide ein Stück Garn für den Schwanz zu und klebe ihn wie auf dem Bild auf die zweite Filzform.

128 Nase und Schnurrhaare

Nähe der Maus eine Perle als Nase an. Klebe Fadenenden als Schnurrhaare auf.

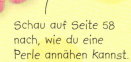

Schau auf Seite 58 nach, wie du eine Perle annähen kannst.

129 Giraffe

Schneide eine Mähne und den Schwanz zu und klebe sie mit Leim auf eins der Filzteile, bevor du die Giraffe zusammennähst.

Auf der rechten Seite siehst du, wie der Vorstich funktioniert.

4. Stecke beide Formen mit Stecknadeln aufeinander und nähe sie am Rand mit Vorstichen zusammen. Lass ein Stück offen. Stopfe die Maus mit Watte aus und nähe dann die offene Stelle zu.

Vorstich

Verknote das Ende des Fadens, ehe du anfängst.

1. Stich die Nadel durch den Stoff nach oben und ziehe den Faden durch. Stich dann etwas weiter vorn wieder durch den Stoff nach unten.

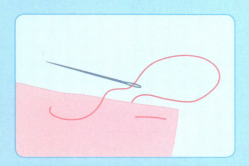

2. Ziehe die Nadel und den Faden auf der Rückseite des Stoffs nach unten, sodass der Faden vorn glatt ist. So entsteht auf der Vorderseite des Stoffs ein gerader Stich.

Auf diese Weise nähst du eine lange Reihe Vorstiche.

3. Stich die Nadel etwas weiter vorn wieder auf die Vorderseite und dann weiter links wieder nach unten, sodass ein neuer Stich entsteht.

130 Elefant
Schneide einen Elefanten zu. Sticke die Linie an der Unterkante des Ohrs auf, bevor du die Teile zusammennähst.

131 Schildkröte
Bastle eine Schildkröte mit gemustertem Panzer.

Klebe die Formen auf dem Schildkrötenpanzer vor dem Zusammennähen auf.

132 Fuchs
Bastle einen Fuchs mit weißem Bauch und weißer Schwanzspitze.

Verkehrschaos

Male viele Fahrzeuge nach den Vorschlägen auf dieser Doppelseite oder erfinde selbst welche.

Eine Stretchlimousine mit abgedunkelten Scheiben

133 Rennauto

Zeichne ein Auto mit großem Motor und Auspuffrohren wie das rote oben.

134 Langer Bus

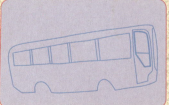

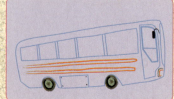

1. Zeichne mit einem blauen Stift den Umriss eines Busses mit Aussparungen für die Räder. Füge eine Tür und Fenster hinzu.

2. Zeichne Räder ein und male sie aus. Male auf der Seite Streifen, eine Kofferraumklappe, Scheinwerfer und einen Rückspiegel.

3. Zeichne die Köpfe der Fahrgäste in die Fenster und male sie aus. Male dann den ganzen Bus mit Buntstift aus.

Papier bemalen

138 Spritztechnik

Nimm flüssige Farbe.

Tauche einen Pinsel in Farbe und halte ihn über dein Blatt. Ziehe die Borsten mit dem Finger zurück und lass sie los.

Bemale Papier mit verschiedenen Techniken und bastle daraus tolle Eiscremecollagen.

139 Filzstiftkappe

Tauche das offene Ende einer Filzstiftkappe in dicke Farbe. Drucke damit viele überlappende Kreise.

140 Luftpolsterfolie

Drücke ein Stück Luftpolsterfolie in Farbe. Lege es auf ein Blatt Papier und reibe darüber.

141 Gitter

Tauche ein Stück dicke Pappe mit der Kante in Farbe und drucke Linien, die sich kreuzen.

Die Sahne auf dieser Eistüte wurde mit dicker Acrylfarbe gemalt und mit Perlen und Glitter bestreut.

Die Eiskugeln bestehen aus Kreisen, die aus bemaltem Papier ausgeschnitten wurden.

Rosa Papier mit Luftpolsterfolie bedruckt

Bespritztes gelbes Papier

Mit Buntstift gezeichnete Linien

142 Eis mit Limo

Schneide ein Glas aus Papier aus und drucke mit der Filzstiftkappe viele Blasen auf.

Für die Schokolade: Male eine breite Linie und kratze schmale Linien hinein.

Diese rote Eistüte wurde mit Pappe bedruckt.

Beklebe das Eis mit kleinen Perlen und Glitter.

Dieser blau-weiße Becher wurde mit Luftpolsterfolie bedruckt.

143 Eisbecher
Tupfe für diesen Eisbecher mit dem Finger viele überlappende Kreise auf.

Karten zum Aufstellen

144 Fußballkarte

 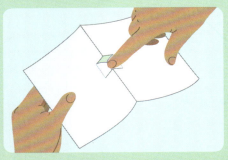 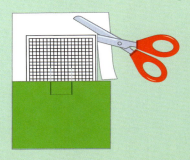

1. Schneide aus festem Papier ein Rechteck aus und falte es in der Mitte. Schneide dann die Faltkante zweimal kurz ein, sodass eine Klappe entsteht. Falte die Klappe nach hinten und wieder nach vorn.

2. Öffne die Karte und drücke die Klappe durch den Falz, wie auf dem Bild gezeigt. Schließe die Karte mit der Klappe innen. Streiche sie sorgfältig glatt und falte sie wieder auf.

3. Zeichne mit einem schwarzen Stift die Torpfosten und das Netz auf die obere Hälfte der Karte. Male die untere Hälfte mit einem grünen Stift oder mit Wasserfarbe aus. Schneide das Tor aus.

Du kannst auch Zuschauer hinter das Tor malen (in Schritt 3).

4. Zeichne auf ein zweites Blatt festes Papier den Torhüter, der zum Ball springt. Schneide ihn aus und male ihn mit Stiften aus. Klebe ihn vorn auf die Klappe.

145 Fischkarte

Bemale die Karte mit Wasserfarbe und Wachsmalstiften. Klebe einen Fisch auf die Klappe.

146 Motorboot

Bastle eine Karte mit einem Motorboot auf der Klappe.

Schneide Wellen in die Kanten der Karte. Falte den vorderen Rand nach oben.

148
Feenschloss

Bastle ein Schloss mit zwei Türmchen. Schneide zwei Klappen wie beim Spukhaus in Schritt 2 ein. Klebe Dächer auf die Türmchen.

147 Spukhaus

1. Schneide ein Rechteck aus festem Papier zu und falte es in der Mitte. Streiche den Falz glatt. Schneide zwei Linien von der Falzkante nach innen, sodass eine große Klappe entsteht. Falte die Klappe nach hinten, dann nach vorn.

149 Ritterburg

Bastle nach der Anleitung für das Spukhaus eine Burg. Schneide eine dritte Klappe für die Spitze des Turms ein.

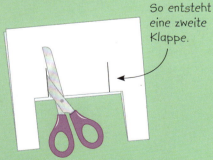

So entsteht eine zweite Klappe.

2. Öffne die Karte und drücke die Klappe nach innen (siehe Schritt 2 links). Zeichne wie auf dem Bild zwei Linien auf die Karte. Schiebe eine Klinge der Schere in die Klappe und schneide die Linien ein.

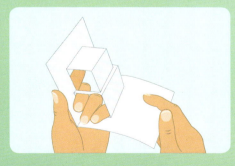

3. Falte diese Klappe nach vorn in die Karte und streiche die Falzkante glatt. Öffne die Karte noch einmal, wie auf dem Bild zu sehen, und drücke die zweite Klappe nach innen.

Schneide das Dach aus festem Papier aus.

4. Lege die Karte flach auf den Tisch und bemale das Haus und den Hintergrund mit Filzstiften. Zeichne ein Dach und schneide es aus. Klebe es auf den Rand der oberen Klappe.

Anhänger

Bastle nach den Vorschlägen auf dieser Doppelseite Geschenkanhänger und verziere sie mit viel Fantasie.

150 Anhänger basteln

Schneide ein Rechteck aus festem Papier zu. Stanze mit dem Locher am oberen Ende ein Loch aus. Fädle ein Band durch das Loch.

151 Reste verwerten

Bastle Geschenkanhänger aus Papierresten, Geschenkpapier oder buntem Zeitschriftenpapier.

152 Runde Anhänger

Zeichne den Umriss einer Tasse nach und schneide ihn aus.

154 Ein Band anbringen

Fädle die Enden hier durch.

Falte ein Band in der Mitte und stecke die Schlaufe durch das Loch im Anhänger. Fädle die Enden durch die Schlaufe und ziehe sie fest.

153 Collagenanhänger

Schneide aus Stoff oder Papier verschiedene Formen zu und klebe sie auf den Anhänger. Du kannst auch Aufkleber oder Knöpfe verwenden.

Drucke den Schneemann mit den Fingern und male mit Filzstift darauf.

Perlen und Pailletten

155
Blumenkarte

Bastle eine Karte mit einer Blume darauf. Nähe in der Mitte eine Paillette und eine Perle auf.

156
Paillettenherzen

Verziere die Herzen auf einer Karte mit Perlen und ausgefallenen Pailletten.

157 Sternenanhänger

Dekoriere Geschenkanhänger mit Stoff und Perlen.

Eine Perle aufnähen

1. Fädle Garn in eine Nadel und verknote ein Ende des Fadens. Stich die Nadel von hinten durch den Stoff und dann durch das Loch in der Perle.

2. Stich die Nadel unter der Perle wieder in den Stoff, wie auf dem Bild zu sehen. Befestige dann den Faden mit zwei kleinen Stichen auf der Rückseite des Stoffs.

158
Valentinsherz

Bastle ein ausgestopftes Herz. Auf Seite 48 erfährst du, wie das geht.

159

Hängegirlande mit Herzen und Blüten

Klebe verzierte Herzen und Blüten auf ein langes Band.

Nähe als Verzierung einige gerade Stiche auf.

160

Hängeschmuck

Klebe ein Band zum Aufhängen auf die Rückseite der Formen.

Eine Paillette aufnähen

Verknote das eine Ende des Fadens.

1. Stich die Nadel von hinten durch den Stoff, aber zieh sie nicht ganz durch. Fädle dann eine Paillette und eine kleine Perle auf die Nadel.

2. Ziehe den Faden durch die Paillette und die Perle. Stich dann die Nadel wieder durch das Loch in der Paillette und ziehe sie nach hinten durch. Vernähe den Faden mit kleinen Stichen.

Weihnachtsschmuck

161 Weihnachtsmann

162 Wichtel

Bastle einen Weihnachtswichtel aus grünem Papier. Zeichne ein Gesicht mit spitzen Ohren.

1. Der Körper besteht aus einem Kegel. Lege dafür einen Teller auf ein Blatt festes rotes Papier und zeichne den Umriss nach. Schneide den Kreis aus und schneide ihn in der Mitte durch.

2. Biege eine der Hälften so, dass ein Kegel entsteht und klebe die Ränder zusammen. Lass den Kleber trocknen. Schneide in der Zwischenzeit aus weißem Stoff Haare und Bart für den Weihnachtsmann zu, wie neben dem Kegel oben zu sehen.

Male den Mund auf den Stoffbart.

3. Schneide einen Kreis für die Hutspitze und ein Gesicht aus Papier aus. Klebe das Gesicht auf den Bart. Male Augen, Wangen und einen Mund auf. Klebe alles auf den Kegel.

4. Schneide aus Papier Arme, Hände, Beine und Stiefel zu. Klebe die Hände an die Arme und die Stiefel auf die Beine. Verziere dann die Beine mit kurzen Papierstreifen.

5. Klebe die Arme auf den Kegel und die Beine innen an die Vorderseite. Schneide ein Stück Schnur zu, forme daraus eine Schlinge und klebe sie hinten auf den Kegel.

60

165
Engel

Bastle einen Kegel aus rosa Papier und lege eine Schneeflocke aus Seidenpapier darüber (siehe Seite 82). Befestige die Flügel auf der Rückseite mit Klebeband.

166
Weihnachtsbaum

Klebe Krepppapier auf den Halbkreis für den Kegel. Schmücke den Baum z. B. mit Pailletten.

163
Wichtelmädchen

Bastle ein Wichtelmädchen und klebe langes Haar auf seinen Kopf.

164
Schneemann

Schneide einen Kreis aus. Klebe ihn als Kopf auf einen weißen Kegel. Füge Hut, Schal und Nase hinzu.

167
Rentier

Schneide einen Kopf und ein Geweih aus und klebe beides an den Kegel. Klebe eine rote Nase auf den Kopf, Pelz auf den Bauch und Hufe an den unteren Rand.

Im Weltraum

168 Raketengrundform

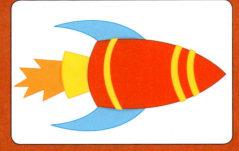

1. Zeichne den Rumpf der Rakete auf rotes Papier. Schneide ihn aus und klebe ihn auf ein zweites Blatt Papier. Schneide gebogene Streifen aus und klebe sie auf den Rumpf.

2. Schneide den Antrieb am hinteren Ende sowie Flammen aus und klebe sie auf. Schneide zwei Seitenteile zu und klebe sie an die Rakete.

Male Punkte auf die Streifen.

169 Ein großes Bild

Verwende die Ideen auf dieser Seite für eine bunte Weltraumcollage mit Raketen, die durchs All fliegen, Sternen und Planeten.

3. Schneide einen kleineren und einen größeren Kreis für das Fenster aus und klebe sie auf. Zeichne dann mit Filzstift einen Astronauten in das Fenster und eine Naht auf die Rakete.

Bastle eine einfache Rakete mit gelben Antriebsraketen.

170 Ein Planet

Schneide einen gelben Kreis aus. Zeichne mit Buntstift Krater darauf.

Vögel und Krabbeltiere

Alle Tiere auf dieser Doppelseite bestehen aus einem, zwei oder mehreren Daumen- oder Fingerabdrücken. Sie werden mit Buntstift oder Wasserfarbe verziert.

174 Fliegender Vogel

1. Verteile Farbe auf einem alten Teller. Tauche deinen Daumen in die Farbe und drücke ihn auf ein Blatt Papier.

2. Wenn die Farbe trocken ist, malst du die Augen. Zeichne dann Schnabel, Flügel, Beine und einen Schwanz.

175 Vogel in Bewegung

Drucke einen Vogel und zeichne kleine Linien neben seinen Körper. Dann sieht es so aus, als ob er sich bewegt.

176 Schmetterling

Drucke deinen Daumen viermal so wie auf dem Bild ab. Das sind die Flügel. Zeichne einen schmalen Körper, wenn die Flügel getrocknet sind, sowie Fühler und Punkte.

64

177 Spinne

Drucke deinen Daumen mit schwarzer Farbe ab. Male der Spinne Augen und acht Beine.

178 Spinnennetz

Zeichne lange Linien, die von einem Punkt ausgehen. Verbinde sie dann mit kürzeren Linien.

Zeichne erst das Netz und drucke dann die Spinnen hinein.

179 Raupe

Male nach dem Trocknen Fühler, Gesicht und Beine.

Drucke deinen Daumen erst einmal, dann noch zweimal daneben. Drucke den Rest des Körpers mit deinen Fingern.

180 Raupe auf einem Blatt

Drucke eine Raupe. Zeichne ein Blatt dazu und male es mit Buntstift aus.

181 Punkte und Streifen

Drucke eine Raupe. Tupfe mit dem Finger viele kleine Punkte auf den Körper oder zeichne Streifen darauf.

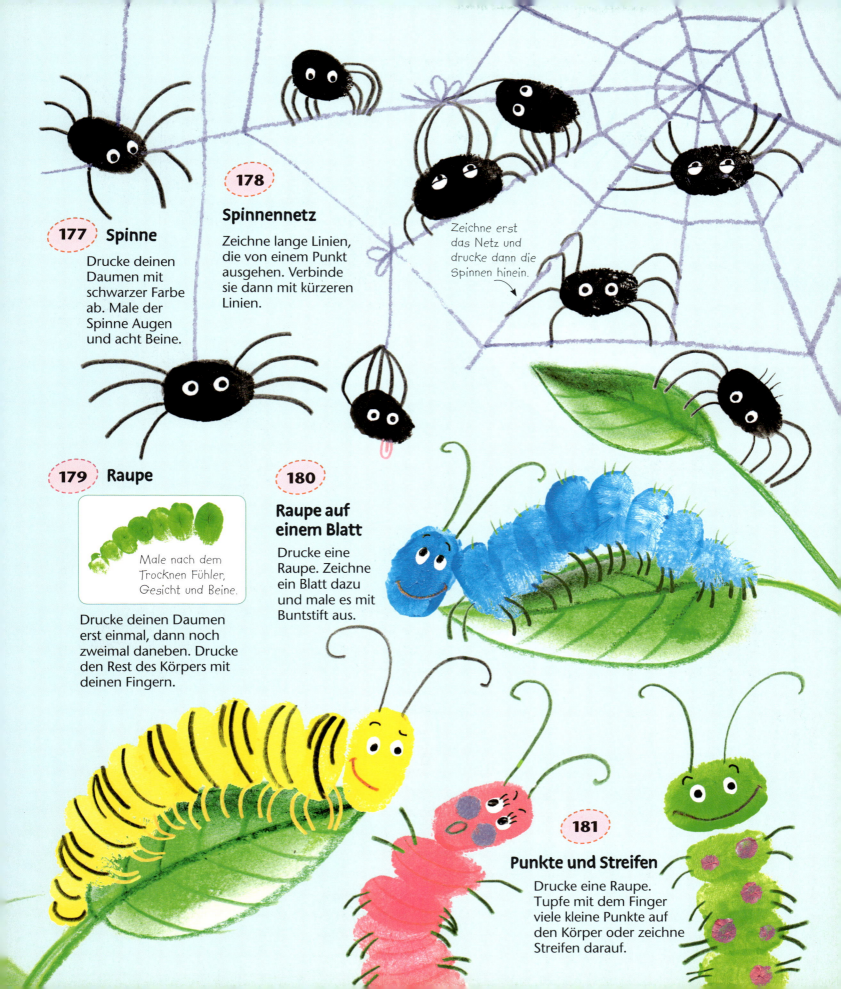

Tiere aus Papier falten

182 Elefant

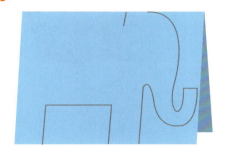
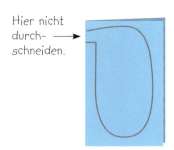
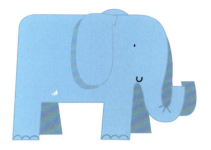

Hier nicht durchschneiden.

1. Falte ein rechteckiges Blatt festes Papier in der Mitte. Zeichne den Umriss eines Elefanten an die Faltkante, wie auf dem Bild. Zeichne auch eine Linie für die Ohren an. Schneide den Elefanten aus.

2. Schneide ein kleineres Rechteck aus dem gleichen Papier zu und falte es in der Mitte. Zeichne ein Elefantenohr an die Faltkante. Lass das Papier gefaltet und schneide das Ohr aus.

3. Zeichne Augen, Zehennägel und Stoßzähne mit Filzstift. Schneide die Linie für die Ohren ein. Falte die Ohren auseinander, stelle den Elefanten auf und schiebe die Ohren in den Schlitz am Kopf.

184 Löwe

Bastle einen Löwen mit Ohren und Mähne.

183 Krokodil

Falte ein langes Stück Papier und bastle ein Krokodil daraus.

Zeichne die Augen wie hier.

185 Tiger

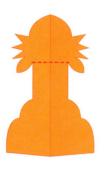

1. Falte ein Rechteck aus festem, orangefarbenem Papier in der Mitte, sodass die langen Seiten aufeinanderliegen. Zeichne den Umriss eines halben Tigerkörpers mit Bleistift direkt an die Faltkante, wie auf dem Bild.

2. Schneide den Umriss aus, falte das Papier auseinander und lege es flach vor dich hin. Falte den Kopf an der Linie zwischen den Ohren nach unten um. Auf dem Bild ist die Linie rot gestrichelt.

3. Zeichne mit Filzstift Augen, eine Nase und ein Maul auf den Kopf. Füge ein paar Zickzack-Streifen hinzu. Zeichne dann Linien für die Vorder- und Hinterbeine und male auch dort Streifen auf.

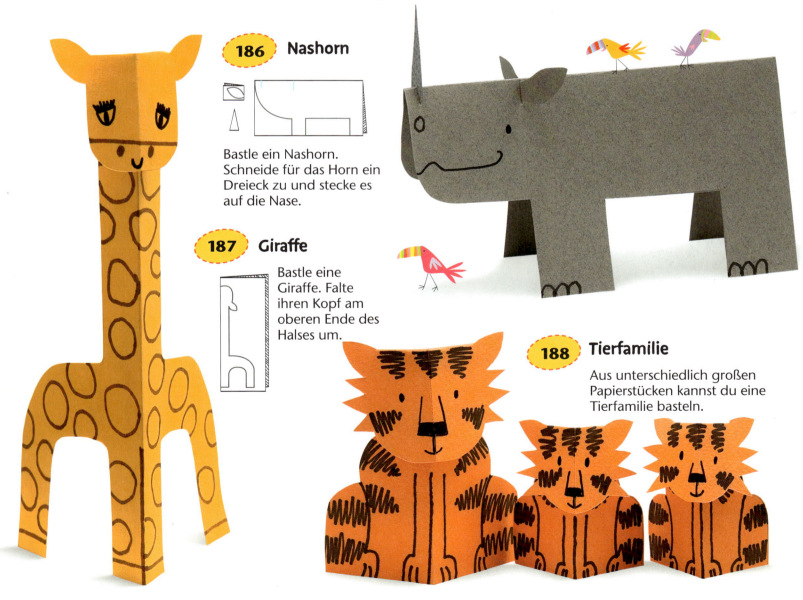

186 Nashorn

Bastle ein Nashorn. Schneide für das Horn ein Dreieck zu und stecke es auf die Nase.

187 Giraffe

Bastle eine Giraffe. Falte ihren Kopf am oberen Ende des Halses um.

188 Tierfamilie

Aus unterschiedlich großen Papierstücken kannst du eine Tierfamilie basteln.

Mit dem Schwamm drucken

189 Einen Vogel drucken

Male die Augen mit Filzstift.

1. Zeichne den Umriss eines Vogels und eines Flügels auf ein Stück dünne, weiße Pappe und schneide beides aus. Gib gelbe, orange und rote Farbe auf einen alten Teller.

2. Tauche ein Schwammstück in die gelbe Farbe und betupfe den Vogel damit. Tupfe dann auf den Flügel und auf eine Seite des Körpers orange Farbe.

3. Tupfe rote Farbe auf eine Seite des Körpers und des Flügels. Wenn die Farbe trocken ist, klebst du den Flügel auf den Körper. Schneide Beine und einen Schnabel aus und klebe sie auf.

190 Vogel im Baum

Bastle eine Collage mit einem Vogel auf einem Baum. Schneide Zweige und Blätter aus und betupfe sie mit Farbe.

191 Fliegender Vogel

Schneide zwei Flügel aus und klebe einen auf die Rückseite des Vogels. Richte den Körper so aus, dass der Schwanz nach oben zeigt.

192 An der Futterstelle

Male einen Meisenknödel. Fertige einen Vogel an, dessen Flügel nach oben zeigen.

Quilling

194 Papier aufrollen

1. Schneide ein Rechteck in Postkartengröße aus festem Papier zu. Lege einen Stift an eine Kante und rolle das Papier daran auf.

2. Ziehe den Stift aus dem Papier. Rolle das Papier auf einem flachen Untergrund noch einmal so fest auf, wie du kannst.

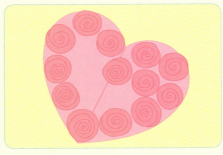

3. Schneide das gerollte Papier in Stücke. Dabei werden die Scheiben von der Schere zusammengedrückt, deshalb musst du sie anschließend wieder in Form bringen.

4. Schneide ein Herz aus Papier zu. Tauche die Unterseite eines Papierröllchens in Klebstoff und drücke es auf das Herz. Beklebe das ganze Herz mit Röllchen.

195 Blätter

Falte ein kleines Stück grünes Papier immer wieder zusammen. Schneide es dann in Scheiben. Klebe sie als Blätter zwischen die Blüten.

70

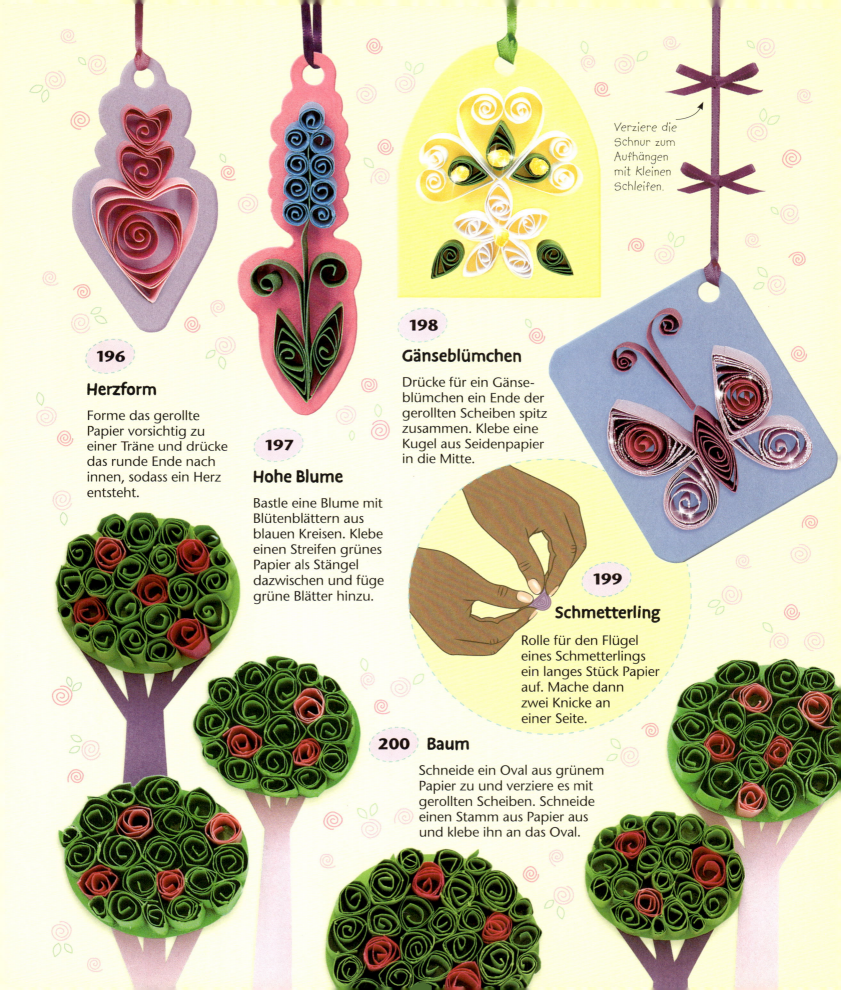

196
Herzform
Forme das gerollte Papier vorsichtig zu einer Träne und drücke das runde Ende nach innen, sodass ein Herz entsteht.

197
Hohe Blume
Bastle eine Blume mit Blütenblättern aus blauen Kreisen. Klebe einen Streifen grünes Papier als Stängel dazwischen und füge grüne Blätter hinzu.

198
Gänseblümchen
Drücke für ein Gänseblümchen ein Ende der gerollten Scheiben spitz zusammen. Klebe eine Kugel aus Seidenpapier in die Mitte.

Verziere die Schnur zum Aufhängen mit kleinen Schleifen.

199
Schmetterling
Rolle für den Flügel eines Schmetterlings ein langes Stück Papier auf. Mache dann zwei Knicke an einer Seite.

200 Baum
Schneide ein Oval aus grünem Papier zu und verziere es mit gerollten Scheiben. Schneide einen Stamm aus Papier aus und klebe ihn an das Oval.

Papiermonster

201 Gelbes Monster

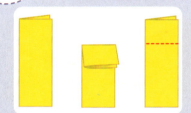
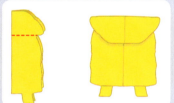

1. Falte ein Rechteck aus Papier in der Mitte, sodass die langen Seiten aufeinanderliegen. Klappe dann das obere Ende des Papiers nach unten und falte es wieder auf.

2. Reiße das Papier in einem Bogen von der oberen Ecke und entlang der Seiten ab. Falte das Papier wieder auf und drücke das obere Ende als Kopf nach unten.

3. Zeichne ein Gesicht und Ohren auf den Kopf. Füge Hände, Füße und einen Bauch hinzu. Falte die Füße nach vorn, damit das Monster stehen kann.

202 Monsterhörner

Wenn du diese Form ausschneidest, erhältst du ein Monster mit Hörnern.

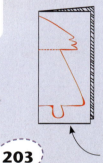

Das Wassermonster unten entsteht, wenn du diese Form ausschneidest.

203 Wassermonster

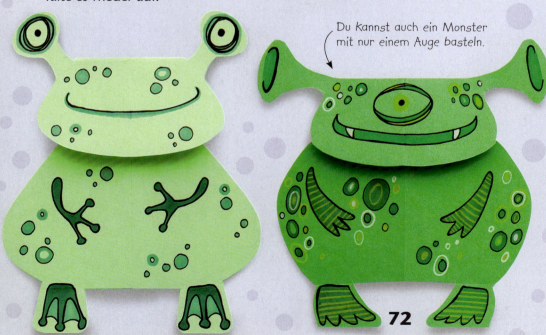

Du kannst auch ein Monster mit nur einem Auge basteln.

204 Robo-Truck

Bastle einen Truck, der sich beim Auffalten in einen Roboter verwandelt.

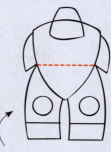

Zeichne diese Formen für den Robo-Truck. Falte ihn an der gestrichelten Linie.

205 Baggermann

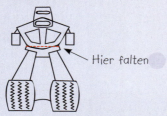
Hier falten

Nach dieser Vorlage bastelst du den Baggermann.

206 Superheld

Hier falten

Bastle einen getarnten Superhelden. Zeichne die Maske auf, wenn das Papier gefaltet ist.

73

Zauberhafte Feen

Mit den Ideen auf dieser Doppelseite kannst du ein Bild voller zauberhafter Feen malen.

207 Eine Fee malen

1. Male als Gesicht einen Kreis auf ein Blatt Papier und eine einfache Form als Kleid.

2. Füge auf beiden Seiten des Kleides Flügel hinzu. Male dann das Haar. Lass die Farbe trocknen.

3. Zeichne mit schwarzem Filzstift den Umriss des Gesichts, des Kleides und der Flügel nach.

4. Zeichne das Gesicht der Fee. Füge Locken in den Haaren hinzu und Arme über den Flügeln.

208 Zauberstab

Male einen Punkt als Spitze des Stabs. Zeichne einen Stern darauf, wenn die Farbe trocken ist.

209 Feenprinzessin

Verwandle eine Fee in eine Prinzessin, indem du ihr eine Krone malst.

210 Fliegende Fee

Wenn du der Fee Flügel auf den Rücken malst, sieht es aus, als ob sie fliegt. Zeichne ausgestreckte Arme und Beine.

211 Feenblumen

Male auch ein paar große Blumen, sodass ein buntes Bild entsteht.

212 **Lachende Feen**
Male Feen mit einem großen, offenen Mund.

213 **Frisuren**
Gib deinen Feen verschiedene Frisuren wie hier auf der Seite.

214 **Versteckspiel**
Zeichne eine Fee, die hinter einer Blüte hervorschaut. Male erst die Blume, dann die Fee.

Lesezeichen basteln

216 Dreieckiger Flugdrachen

Klebe an die Seiten einer Karoform je ein Papierdreieck. So entsteht ein dreieckiger Drache.

217 Schmetterlings-Lesezeichen

Schneide aus gemustertem Papier Flügel aus und klebe den Körper darauf. Zeichne Kreise für die Schleifen auf dem Schwanz.

215 Flugdrachen-Grundform

1. Klebe vier quadratische Papierstücke auf ein weiteres Blatt Papier. Zeichne eine Raute in die Mitte.

2. Schneide den Drachen aus. Befestige ein Stück Schnur mit Klebeband auf der Rückseite. Das wird der Schwanz.

3. Falte einen Papierrest aus Schritt 2 in der Mitte und zeichne Dreiecke auf. Schneide sie als Schleifen für den Schwanz aus.

4. Lege den Drachen auf Frischhaltefolie. Tupfe Klebstoff auf den Schwanz und klebe die Schleifen mit etwas Abstand auf.

Ziehe den Schwanz ab, wenn der Kleber trocken ist.

219 Fliegender Fisch
Bastle ein Lesezeichen, das wie ein Fisch aussieht. Klebe Seidenpapierstreifen als Schwanz an.

218 Gefährlicher Drache
Fertige eine Papiercollage eines Drachenkopfs an. Schneide für den Schwanz Dreiecke aus.

220 Blauer Vogel
Bastle einen Vogel aus blauem Papier. Schneide V-Formen für den Schwanz aus.

Kartoffeldruck

221 Einen Baum drucken

Mit den Vorschlägen auf dieser Doppelseite kannst du deinen eigenen Park zeichnen.

1. Male ein weißes Blatt Papier mit sehr flüssiger, gelber Farbe ganz aus. Wenn sie getrocknet ist, male mit Grün ein Stück Rasen darauf und lass auch das trocknen.

2. Halbiere eine große Kartoffel. Verteile auf einem Stück Schwammtuch grüne Farbe. Drücke die Kartoffel in die Farbe und mache damit einen Abdruck auf das Bild.

3. Schneide ein rechteckiges Stück Pappe zu. Tauche die Kante in braune Farbe und drucke damit einen Baumstamm. Setze mit der kurzen Seite Äste an den Stamm.

222 Kleiner Vogel
Drucke mit den Fingern Körper und Kopf und mit Pappe Flügel, Beine, Schwanz und Schnabel.

223 Ein Nest
Drucke mit dem Viertel einer kleinen Kartoffel ein Nest.

Drucke mit dem Finger kleine Vögel.

78

225 Dicker Baumstamm

Ziehe ein Stück Pappe mit der Kante durch braune Farbe und streiche sie dann auf das Papier, sodass ein dicker Baumstamm entsteht.

226 Bunte Blumen

Drucke einen Punkt in die Mitte.

Drucke mit dem Radiergummi eines Bleistifts Punkte. Tupfe mit der Ecke eines Pappstreifens rundherum kleinere Punkte auf.

227 Obstbäume

Male Äpfel, Orangen und Zitronen auf die gedruckten Bäume.

224 Busch

Drucke mit einem Kartoffelviertel einen Busch. Tupfe mit dem Finger Punkte auf.

Drucke die Äste im Busch mit Pappe.

Libellen und Käfer

228 Libelle

Klebe die Formen auf ein Stück Papier.

Die Formen müssen nicht genauso breit sein wie der Körper.

1. Bemale Papier. Nutze dazu die Ideen auf den Seiten 52 und 102. Zeichne Körper, Kopf und Augen der Libelle auf unterschiedliches Papier, schneide alles aus und klebe es zusammen auf.

2. Schneide ein kleines Rechteck aus und klebe es an das Schwanzende. Schneide dann drei Streifen aus und klebe sie auf den Körper. Füge noch eine Form hinzu, die das Rechteck teilweise bedeckt.

3. Falte zwei Stücke Papier in der Mitte. Zeichne auf jedes einen größeren und einen kleineren Flügel. Schneide sie aus und klebe sie übereinander auf. Klebe einen Streifen auf die Flügel und gib der Libelle Fühler.

229 Lauter Libellen

Male mit Kreide Wolken auf das Papier zwischen den Libellen. Verreibe die Kreide mit den Fingern, sodass schöne Wolken entstehen.

80

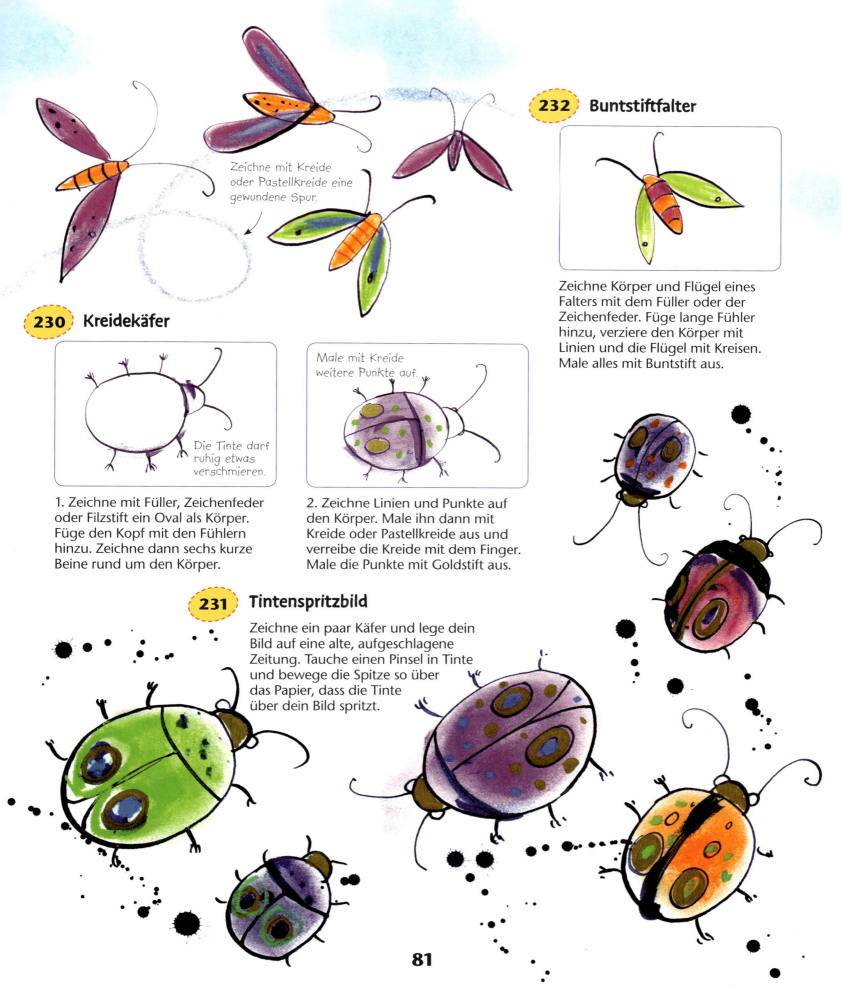

234
Bogenmuster

Schneide gebogene Linien in die Kanten der gefalteten Schneeflocke (siehe unten). Schneide auch die Spitze des gefalteten Papiers ab.

Schneeflocken

233 Grundform

1. Stelle eine Tasse auf einen Bogen dünnes, weißes Papier und zeichne den Umriss nach. Zeichne die Tasse noch einmal auf einem Bogen Seidenpapier nach. Schneide beide Kreise aus.

235
Schneeflockenkette

Bastle mehrere Schneeflocken und klebe sie auf ein Band.

236 Glitzernde Schneeflocke

Verteile Klebstoff auf dem ausgeschnittenen Papier und streue Glitter darauf.

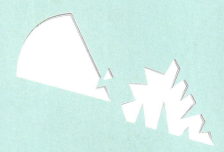

2. Falte den weißen Kreis in der Mitte, den halben Kreis und den Viertelkreis noch einmal. Schneide in eine Faltkante dicht an der Spitze ein kleines Dreieck, und weitere Dreiecke in alle Kanten.

3. Falte das Papier sehr vorsichtig auseinander, damit nichts reißt. Gib Klebstoff in kleinen Tropfen auf eine Seite der Schneeflocke und klebe sie auf den Kreis aus Seidenpapier.

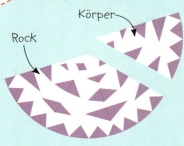

237 Schneeflockenfee

Rock — Körper

1. Bastle eine Schneeflocke wie auf der linken Seite beschrieben und schneide sie in der Mitte durch. Schneide eine der Hälften in zwei Stücke. Das sind Rock und Körper.

2. Klebe die schmale Spitze des Körpers auf den Rock. Falte dann ein Stück weißes Papier in der Mitte und zeichne Flügel an die Faltkante. Schneide sie aus.

238
Tanzende Fee

Wenn du Arme und Beine in unterschiedlicher Haltung anklebst, sieht es aus, als ob die Fee tanzt.

3. Zeichne Kopf, Haare, Arme, Beine, Schuhe und eine Krone auf Papier. Schneide sie aus und klebe sie auf. Klebe zum Schluss die Flügel an und zeichne der Fee ein Gesicht.

Du kannst das Kleid auch mit Glitter verzieren.

239
Schneeflockenprinzessin

Klebe eine ausgeschnittene Schneeflocke auf einen Kreis aus Glanzpapier. Schneide daraus ein Kleid für die Prinzessin zu.

Schachteln verzieren

240 · Eine Schachtel beziehen

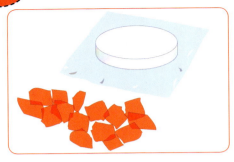 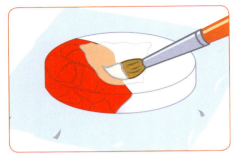 

1. Lege den Deckel einer Schachtel auf Klarsichtfolie (damit er nicht auf der Arbeitsfläche kleben bleibt). Reiße Seidenpapier in kleine Stücke.

2. Bestreiche den Deckel der Schachtel und die Seiten des Deckels mit Leim und klebe die Seidenpapierstücke darauf.

3. Lege das Unterteil der Schachtel auf Klarsichtfolie und beklebe den Boden und die Seiten mit Seidenpapier. Lass beide Teile trocknen.

241 · Schachtel mit Punkten

Verziere eine bezogene Schachtel mit ausgestanzten Punkten.

242 · Viele Blätter

Verziere eine Schachtel mit Blättern aus Seidenpapier, die du in Mustern anordnest.

243 Schachtel mit Muster

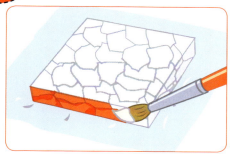

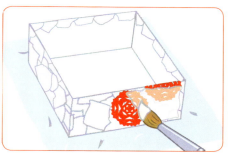

1. Für eine Schachtel mit Muster wie die rot-weiße im Bild unten beziehst du eine Schachtel und ihren Deckel mit weißem Seidenpapier. Klebe dann rotes Seidenpapier auf den Rand des Deckels.

2. Zeichne den Umriss eines kleinen Schraubdeckels auf rotem Seidenpapier nach und schneide den Kreis aus. Falte das Papier und schneide Dreiecke aus, wie in Schritt 2 auf Seite 82 beschrieben.

3. Bastle noch mehr „Schneeflocken" und falte sie vorsichtig auseinander. Bestreiche die Schachtel mit Klebstoff und klebe die Flocken auf. Verziere so auch die Oberseite des Deckels.

Die Perle für den Deckel bastelst du wie auf Seite 16 in Schritt 3 beschrieben.

Blumen malen

244 Narzisse

1. Zeichne mit einem weißem Wachsmalstift (im Bild gelb) das Innere einer Narzissenblüte. Drücke dabei fest auf.

2. Male mit gelber Wasserfarbe die Blütenblätter über die Wachszeichnung. Das Wachs nimmt die Farbe nicht an.

3. Wenn die Blütenblätter getrocknet sind, male mit grüner Farbe den Blütenkelch.

4. Male mit einem dünnen Pinsel einen langen Stängel und ein langes, spitzes Blatt, wie auf dem Bild.

Male eine Biene zu den Blumen. Zeichne schwarze Streifen und male dann den Körper und die Flügel mit Wasserfarbe.

245 Tulpe

1. Zeichne die Blütenblätter einer Tulpe mit weißem Wachsmalstift. Zeichne Linien in einige Blätter hinein.

2. Male mit roter Wasserfarbe über die Wachszeichnung. Wenn die Farbe trocken ist, male einen grünen Stängel.

86

246 Lila Blüte

1. Zeichne mit weißem Wachsmalstift einen einfachen Blütenumriss mit vier Blütenblättern.

2. Zeichne Linien auf die Blütenblätter. Male dann die Mitte der Blüte mit gelbem Wachsmalstift aus.

3. Übermale die Blütenblätter und die Mitte mit lila Wasserfarbe. Füge einen Stängel hinzu, wenn die Blüte trocken ist.

247

Blumenstrauß

Zeichne viele Blüten dicht nebeneinander. Wenn die Farbe getrocknet ist, kannst du Blütenblätter und Stängel hinzufügen.

248 Bastle ein Türschild und male eine schlafende Person darauf. Schreib „Bitte nicht stören" auf den Bogen.

249 **Schild mit Raumschiff**

Bastle ein Türschild aus schwarzem Papier. Ideen zum Verzieren findest du auf den Seiten 62–63.

Türschilder

Zeichne mit Bleistift.

1. Lege für das obere Ende des Türschildes eine große Rolle Klebeband oben auf ein langes Rechteck aus festem Papier oder dünner Pappe. Zeichne den Umriss nach.

Glitzerschmuck

254 Glitzergeschenke
Klebe Geschenkband auf die Folie, bevor du Pailletten und Glitter aufstreust.

255 Weihnachtsmann
Zeichne einen Weihnachtsmann-Geschenkanhänger. Klebe ein Geschenk darauf.

253 Glitzernde Formen

1. Schneide zwei gleich große Quadrate aus Buchfolie zu. Ziehe bei einem Quadrat das Papier von der Rückseite ab.

2. Lege die Folie mit der Klebeseite nach oben auf den Tisch. Drücke flache Pailletten darauf und bestreue sie mit Glitter. Feiner Glitter eignet sich am besten.

3. Ziehe das Papier von der Rückseite des anderen Quadrats ab und klebe die Folie auf die bereits verzierte Folie.

256 Engel
Schneide für die Engelsflügel einen Halbmond aus Folie zu.

257 Weihnachtsbaum
Klebe für den Weihnachtsbaum verschiedene Geschenkbänder auf die Folie.

258 Glitzergirlande
Bastle Glitzerschmuck in verschiedenen Formen und hänge ihn an eine lange, glänzende Schnur.

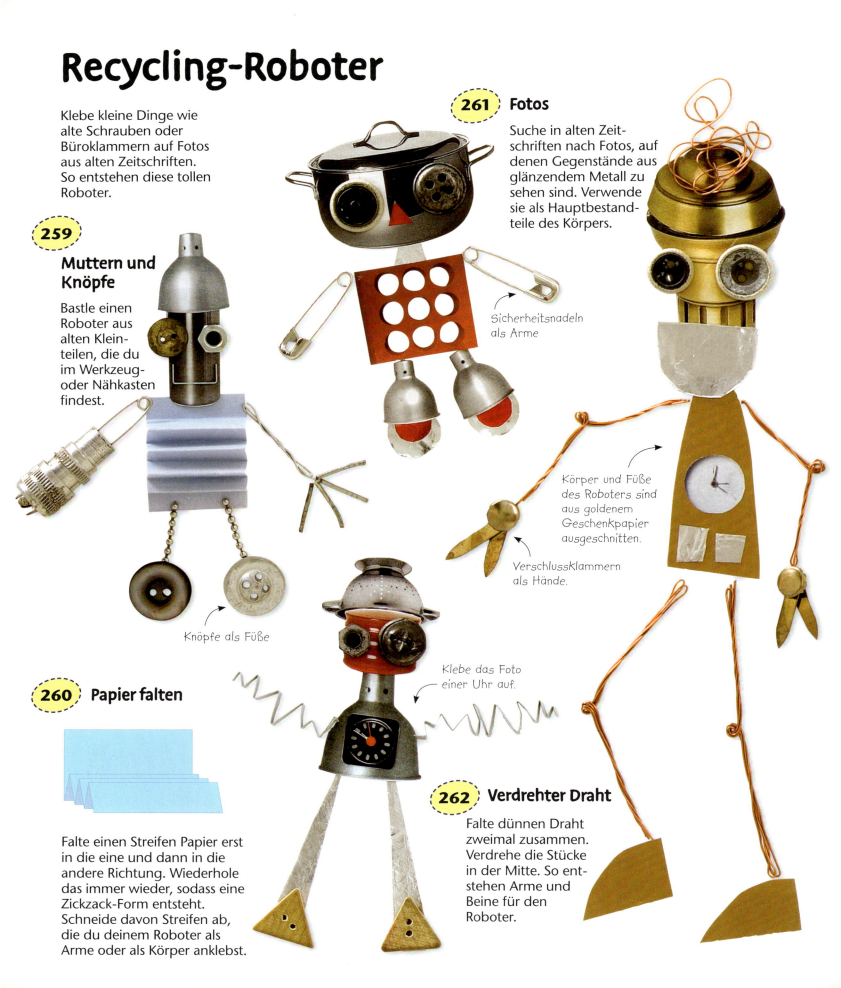

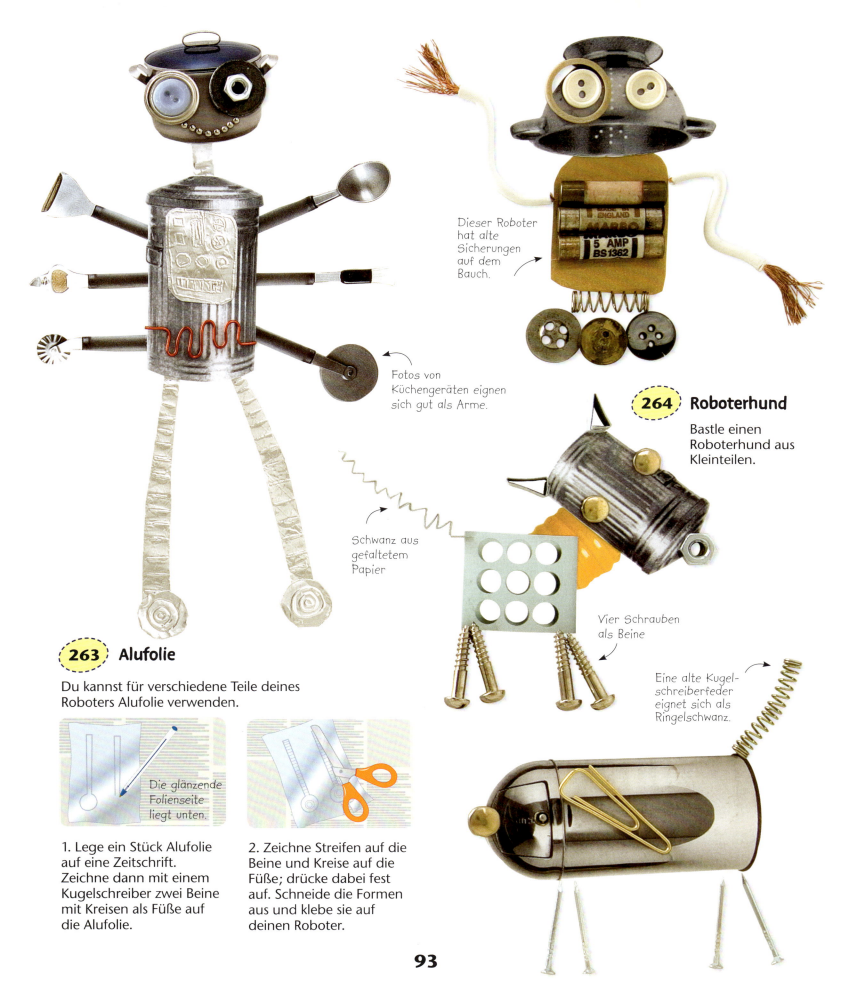

Dieser Roboter hat alte Sicherungen auf dem Bauch.

Fotos von Küchengeräten eignen sich gut als Arme.

264 Roboterhund

Bastle einen Roboterhund aus Kleinteilen.

Schwanz aus gefaltetem Papier

Vier Schrauben als Beine

Eine alte Kugelschreiberfeder eignet sich als Ringelschwanz.

263 Alufolie

Du kannst für verschiedene Teile deines Roboters Alufolie verwenden.

Die glänzende Folienseite liegt unten.

1. Lege ein Stück Alufolie auf eine Zeitschrift. Zeichne dann mit einem Kugelschreiber zwei Beine mit Kreisen als Füße auf die Alufolie.

2. Zeichne Streifen auf die Beine und Kreise auf die Füße; drücke dabei fest auf. Schneide die Formen aus und klebe sie auf deinen Roboter.

Bedruckte Schlangen

265 Grundform

1. Zeichne mit dem Bleistift den Umriss einer Schlange auf einen Bogen festes Papier. Verteile dicke Farbe auf einem Stück Schwammtuch.

2. Tauche die Seite eines Radiergummis in die Farbe und drucke damit einen Streifen auf den Schlangenkörper. Drücke den Radiergummi wieder in die Farbe und drucke weitere Streifen.

3. Drucke mit einem dünneren Radiergummi und anderer Farbe noch mehr Streifen auf. Schneide die Schlange aus, wenn die Farbe trocken ist, und zeichne mit Filzstift Nasenlöcher und Augen.

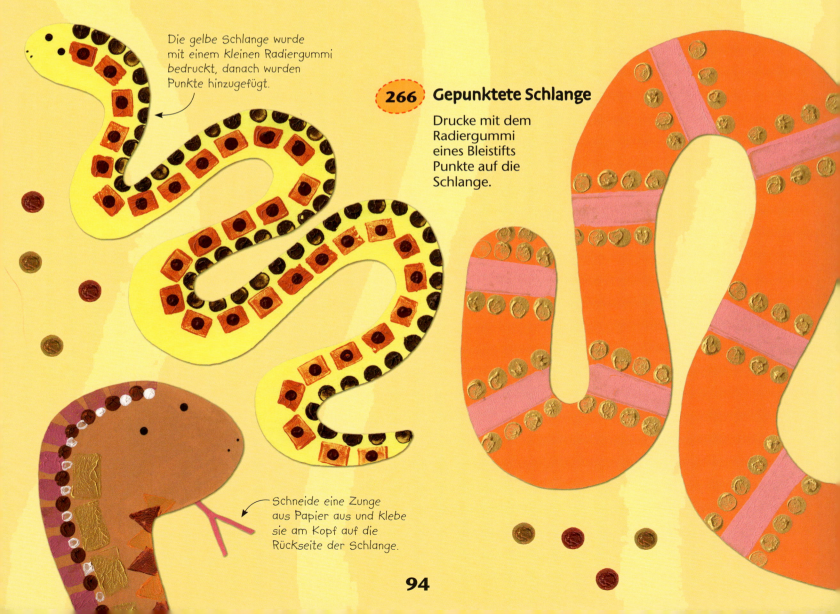

Die gelbe Schlange wurde mit einem kleinen Radiergummi bedruckt, danach wurden Punkte hinzugefügt.

266 Gepunktete Schlange

Drucke mit dem Radiergummi eines Bleistifts Punkte auf die Schlange.

Schneide eine Zunge aus Papier aus und klebe sie am Kopf auf die Rückseite der Schlange.

267 Aufgerollt

Zeichne eine Spirale als Schlangenkörper. Er sollte ungefähr so breit sein wie der Radiergummi, mit dem du ihn bedrucken willst.

268 Gecko

Bastle einen Gecko aus bemaltem Papier. Drucke mit dem Radiergummi Muster auf, wenn die Farbe trocken ist.

Die Augen des Geckos sind mit Wasserfarbe aufgemalt, die Pupillen mit dem Filzstift.

Zeitungscollage

269 Eine Collage basteln

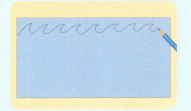

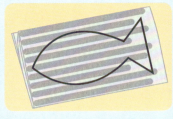

1. Nimm ein großes Blatt dünnes, blaues Papier (Geschenkpapier eignet sich gut) und zeichne für den Hintergrund oben eine Wellenlinie auf.

2. Schneide die Wellenlinie aus. Knülle das Papier fest zusammen. Streiche es dann wieder glatt und klebe es auf ein zweites Blatt blaues Papier.

3. Für einen Fischschwarm schneidest du einen Streifen aus einer alten Zeitung zuerct. Falte ihn mehrmals in der Mitte und zeichne einen Fisch darauf.

4. Schneide den Fisch durch alle Papierlagen aus. So erhältst du einen ganzen Schwarm. Klebe alle gleichen Fische in eine Richtung auf den Hintergrund.

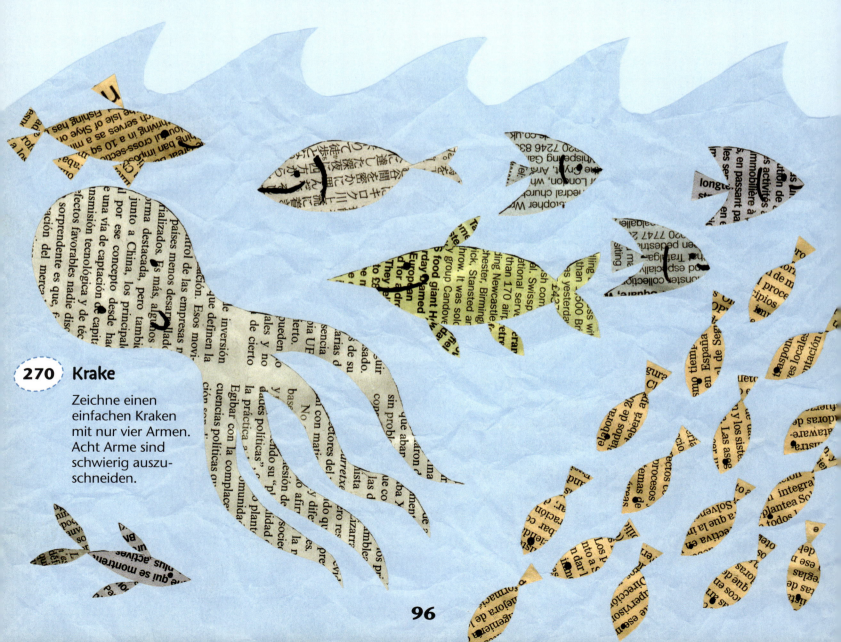

270 Krake

Zeichne einen einfachen Kraken mit nur vier Armen. Acht Arme sind schwierig auszuschneiden.

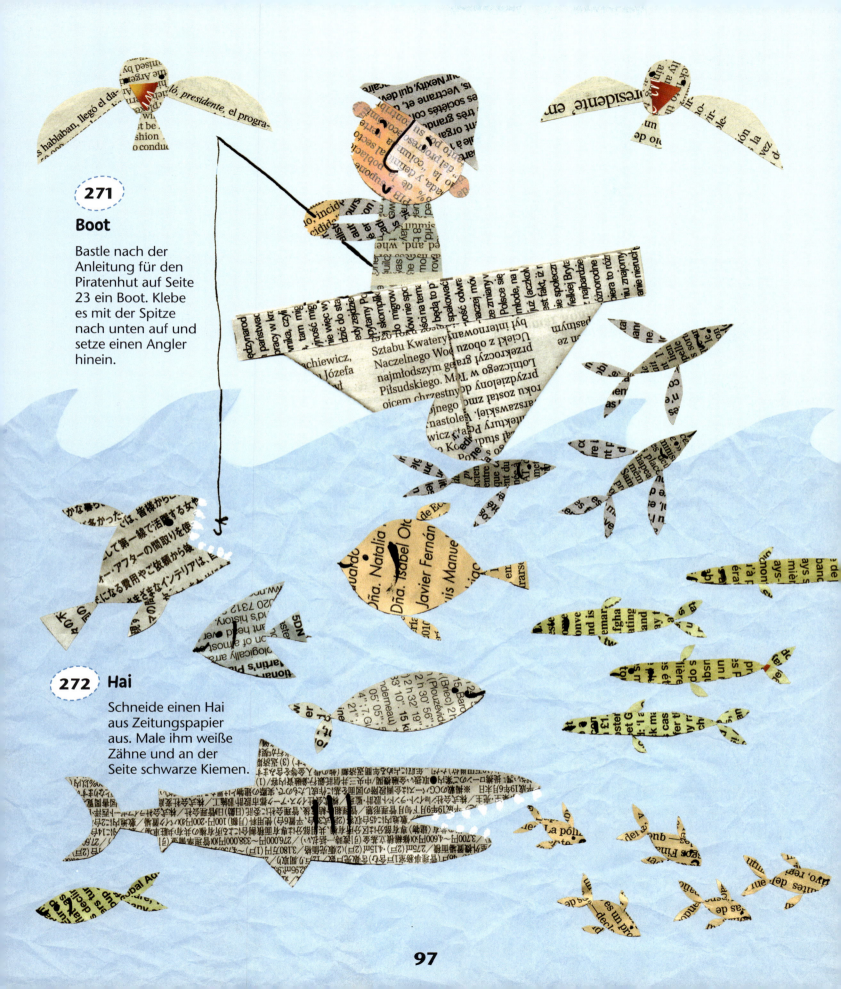

271
Boot

Bastle nach der Anleitung für den Piratenhut auf Seite 23 ein Boot. Klebe es mit der Spitze nach unten auf und setze einen Angler hinein.

272
Hai

Schneide einen Hai aus Zeitungspapier aus. Male ihm weiße Zähne und an der Seite schwarze Kiemen.

Valentinskarten

273 Glitterkarte

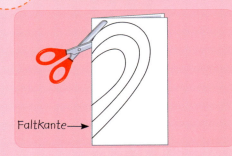

↑ Klebe das kleine Herz in das größere hinein.

1. Falte ein Stück festes Papier in der Mitte. Zeichne dann ein halbes Herz an die Faltkante. Zeichne zwei weitere halbe Herzen hinein. Schneide beide Herzen aus.

2. Lege das große und das kleine Herz auf eine alte Zeitung. Bestreiche beide mit Klebstoff und bestreue sie mit Glitter. Klebe sie nach dem Trocknen auf eine Karte.

274 Karte aus Papierresten

1. Reiße aus alten Zeitschriften viele verschiedene rote und rosa Muster aus. Klebe die Papierstücke auf einen Bogen festes Papier, sodass sie sich überlappen.

2. Drehe das Papier um und zeichne drei Herzen. Schneide sie aus und klebe jedes auf ein rosafarbenes oder rotes Blatt Papier. Zeichne ein größeres Herz außen herum.

3. Klebe drei Rechtecke aus gemustertem Papier auf eine Faltkarte. Schneide die Herzen aus, bestreiche sie mit Klebstoff und klebe ein Herz in jedes Rechteck.

275 Gestreiftes Herz

Zeichne weitere Herzen auf die Linien.

1. Male unterschiedlich breite Streifen auf einen Bogen festes Papier. Zeichne, wenn die Farbe trocken ist, mit rotem Filzstift Herzen auf. Füge Linien hinzu und male die Umrisse der Herzen nach.

2. Schneide ein großes und zwei kleinere Herzen aus dem gestreiften Papier aus. Falte ein Rechteck aus festem Papier in der Mitte und klebe die Herzen auf die Vorderseite.

276

Geschenkanhänger

Bastle Anhänger mit glitzernden Herzen.

Ein großes Herz mitten auf der Karte

Filzgesichter

277 Niedliche Katze

1. Lege einen kleinen Schraubdeckel auf ein Stück Filz und zeichne den Umriss mit Filzstift nach. Nimm den Deckel weg und zeichne zwei spitze Ohren an den Katzenkopf. Schneide die Form aus.

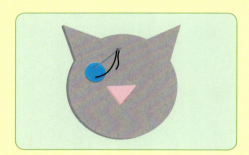

2. Drehe den Filz um und klebe eine Nase aus Filz auf. Stich eine Nadel mit Faden von unten durch den Filz und durch ein Loch in einem Knopf. Stich durch das andere Loch wieder nach unten.

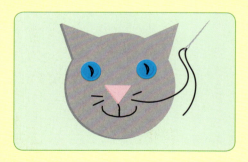

3. Zieh den Faden nach hinten durch und nähe den zweiten Knopf ebenso an. Nähe mit kleinen Vorstichen (siehe Seite 49) das Maul und die Schnurrhaare auf.

Die Augen des Froschs ragen über die Filzkante.

278 Knopfnase

Bastle einen Hundekopf mit einem Knopf als Nase.

Ein Kaninchen mit langen Ohren

279 Gesicht mit Mustern

Male mit dunklem Filzstift Muster, wie die Punkte und Hörner bei diesem Monster, auf ein Filzgesicht.

Ein quadratischer Kopf für einen Roboter

280
Brosche

Nähe eine Sicherheitsnadel auf die Rückseite eines Filzgesichts.

↳ Panda mit schwarzen Augen

↳ Lustiger Affe

↳ Gruseliger Totenkopf

282
Löwenmähne

Bastle einen Löwen mit Zackenmähne.

281
Flaumige Eule

Setze ein Gesicht auf den Eulenkörper. Sticke die Federn auf.

283
Karte

Bastle eine Geburtstagskarte mit einem Filzgesicht auf der Vorderseite.

284
Geschenkanhänger

Bastle einen Geschenkanhänger (siehe Seite 56) mit einem Filzgesicht darauf.

Mit Wachs und Farbe malen

Wenn du mit Farbe über Wachsmalstift malst, nimmt das Wachs die Farbe nicht an, sodass die Linien sichtbar bleiben.

285 Krokodil

 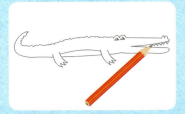  

1. Zeichne zwei Höcker für die Augen. Male eine lange Schnauze mit Höckern als Nasenlöcher und das offene Maul.

2. Zeichne einen welligen Rücken, den Bauch und die Beine. Füge dann die Zähne und Augen hinzu.

3. Zeichne mit weißem Wachsmalstift Linien auf den Körper. Drücke dabei fest auf.

3. Rühre grüne Wasserfarbe an und male den Körper aus. Die Wachslinien nehmen die Farbe nicht an.

286 Eidechse

Male die Form im Bild für eine Eidechse ab. Zeichne Wachslinien auf den Körper und male ihn dann aus.

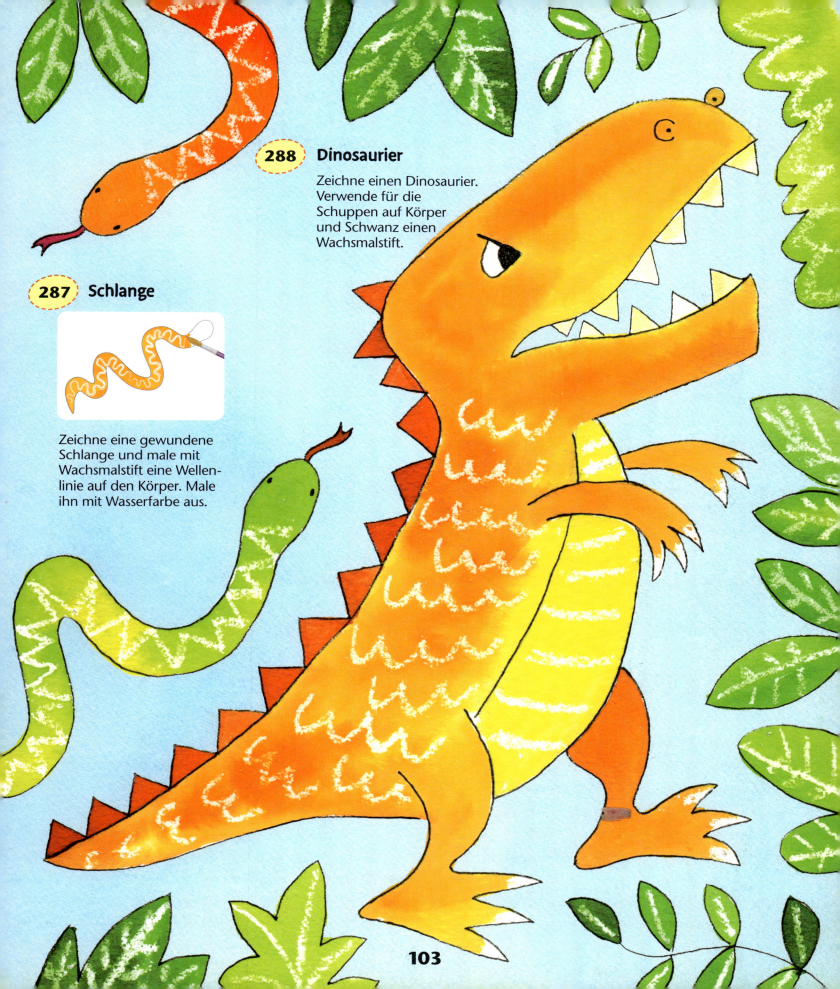

288 **Dinosaurier**
Zeichne einen Dinosaurier. Verwende für die Schuppen auf Körper und Schwanz einen Wachsmalstift.

287 **Schlange**
Zeichne eine gewundene Schlange und male mit Wachsmalstift eine Wellenlinie auf den Körper. Male ihn mit Wasserfarbe aus.

Katzen zeichnen

Male auf Körper und Schwanz Streifen.

289 Einfache Katze

Zeichne mit Buntstift Kopf, Ohren und Körper. Male sie aus. Füge Beine und Schwanz hinzu. Zeichne einen Streifen von oben nach unten auf den Kopf. Verwende für Gesicht und Krallen einen feinen Stift.

 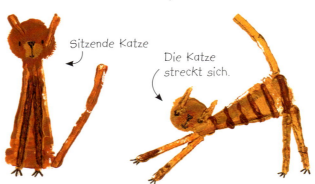 

Sitzende Katze

Die Katze streckt sich.

290 Gedruckte Katze

Drucke nach der Anleitung für den Hund auf Seite 45 eine Katze. Nimm für den Kopf aber den Finger. Diese Katzen wurden mit demselben Stück Pappe in unterschiedlicher Haltung gedruckt.

291 Collagentechnik

Bastle eine Katzencollage aus Papierresten. Schneide erst den Körper, dann den Kopf aus. Füge Beine, Ohren und den Schwanz hinzu. Zeichne die Augen, die Nase und das Maul.

292 Filzstiftkatze

Zeichne den Umriss einer Katze mit Filzstift. Füge Streifen hinzu. Tauche einen Pinsel in sauberes Wasser und verteile es im Inneren der Katze, sodass die Farbe verläuft. Wenn sie getrocknet ist, zeichne das Gesicht und Schnurrhaare.

295 Sitzende Katze
Zeichne eine sitzende Katze mit zwei Beinen vor dem Körper und einem Bein auf jeder Seite.

293 Katz und Maus
Zeichne mit Buntstift eine Katze, die eine Maus jagt.

Mit ihren schwarz-gelben Augen sieht diese Katze sehr gefährlich aus.

296 Eingeschlafen
Zeichne der schlafenden Katze kleine Bogen als Augen.

297 Putzen
Zeichne eine Katze, die mit der Zunge ihre Pfote leckt.

294 Langhaarkatze
Zeichne den Umriss einer Katze fein mit Bleistift. Füge dann viele kurze Striche für das Fell hinzu.

Holzköpfe

Mit den Ideen auf dieser Doppelseite kannst du Besteck, Eisstiele oder andere Gegenstände aus Holz lustig verzieren.

298 Löffelcowboy

1. Zeichne an das obere Ende eines Holzlöffels Haare. Füge Augen, Nase und Mund hinzu. Male mit Buntstift rosa Bäckchen.

2. Schneide ein Stoffdreieck zu und klebe es als Halstuch um den Stiel. Schneide dann aus Papier einen Hut aus und klebe ihn auf.

300 Hund

Verwandle eine Löffelrückseite in einen Hund mit Schlappohr.

301 Löwe

Schneide viele kurze Wolle- oder Schnurstücke zu und klebe sie als Mähne rund um den Löffel.

299 Pirat

Bastle aus einem Eisstiel einen Piraten. Setze ihm einen Piratenhut auf und ziehe ihm ein gestreiftes T-Shirt an.

Verziere den Hut und den Mantel des Zauberers mit glänzenden Aufklebern.

Verziere den Kopf mit Pailletten.

106

Die Augen dieses Monsters sind aus einer Zeitschrift ausgeschnitten.

Wenn du kein Holzbesteck hast, kannst du auch mit wasserfesten Stiften auf Plastikbesteck malen.

302 Gabelmonster

Bemale eine Gabel mit Farbe und lass sie trocknen. Klebe Augen, Nase und Mund auf. Klebe dann Schnur um den Stiel.

303 Verrückte Frisuren

Schneide etwas Wolle zurecht und zupfe sie in feine Stücke. Klebe sie hinten auf einen Eisstiel oder ein Rührstäbchen. Male ein Gesicht auf.

Nach diesen Vorlagen kannst du aus unterschiedlicher Wolle Frisuren gestalten.

Du kannst auch eine Papierkrawatte auf das Stäbchen kleben.

304 Spitze Ohren

Die Spitzen von kleinen Holzgabeln werden zu Ohren für verschiedene Tiere.

Male Punkte oder Streifen mit Filzstift auf.

Strandtiere

305 Möwe

1. Schneide für den Körper der Möwe Alufolie in der Größe dieser Seite zu. Knülle sie bohnenförmig zusammen. Drücke die Folie dann so glatt wie möglich.

2. Lege den Körper auf Klarsichtfolie. Reiße weißes Seidenpapier in kleine Stücke und klebe sie mit dünnflüssigem Leim rundum auf den Körper. Lass alles trocknen.

3. Schneide einen Flügel aus Papier aus und bemale die Spitze schwarz. Biege aus Pfeifenreiniger Beine und schneide einen Schnabel aus Papier zu. Befestige beides mit Klebeband.

Befestige Schnabel und Beine auf der Rückseite mit Klebeband. Klebe den Flügel mit Leim an.

306 Funkelnde Muscheln

Rolle Alufolie zu Würsten und klebe sie auf eine Muschel aus Pappe. Überziehe sie mit Seidenpapier und bestreue sie mit Glitter.

307 Seestern

Bastle einen Seestern, indem du ein Stück Alufolie zu fünf Spitzen drückst und mit Seidenpapier überziehst.

308 Fliegende Möwe

Schneide zwei Flügel zu und klebe sie auf. Befestige mit Klebeband eine Schnur zum Aufhängen.

309 Krebs

1. Schneide ein Stück Alufolie von der Größe dieser Seite zu. Knülle es zu einer Kugel und drücke es dann flach, sodass es wie ein Krebspanzer aussieht.

2. Lege den Körper auf Klarsichtfolie. Reiße Seidenpapier in viele kleine Stücke. Klebe sie mit dünnflüssigem Leim auf den Körper. Lass alles trocknen.

3. Falte festes Papier in der Mitte. Zeichne vier Beine mit einer Spitze. Schneide sie aus. Lass das Papier dabei gefaltet, sodass du am Ende acht Beine erhältst.

4. Klebe die Beine an den Körper. Schneide Scheren aus und klebe sie auf. Klebe noch zwei Papierstreifen für die Augen an und darauf zwei weiße Punkte. Zeichne Mund und Augen auf.

Karten prägen

Dieser Schneemann wurde mit zwei verschiedenen Münzen geprägt.

Dieser Käse ist die Rückseite von geprägtem Papier.

Der Frosch ist mit Pappovalen geprägt.

Aufgeprägte Wellen als Schuppen für den Fisch

Geprägte Pappkaros

Dreiecke als Fell

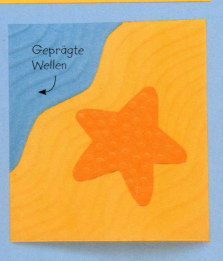

Geprägte Wellen

310 Münzprägung

Reibe mit einem Pinselstiel über die Kante.

Lege ein Stück festes Papier über eine kleine Münze. Reibe über die Kante der Münze, bis du die geprägte Form sehen kannst.

311 Pappformen

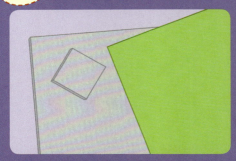

Schneide Formen aus fester Pappe aus und klebe sie auf ein zweites Stück Pappe. Mache dann weiter wie oben beschrieben.

312 Wellen

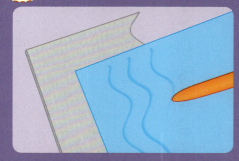

Schneide eine Wellenform aus Pappe zu. Reibe über die Kante. Schiebe dann dein Papier etwas weiter und präge weitere Wellen.

Reibetechnik

313 Verschiedene Untergründe

Lege ein dünnes Blatt Papier auf eine Käsereibe. Ziehe die lange Seite eines Wachsmalstifts darüber, sodass die Struktur sichtbar wird.

Reibe mit einem weißen Wachsmalstift. Male dann mit Wasserfarbe darüber. Das Wachs nimmt die Farbe nicht an.

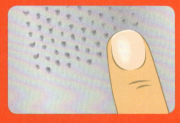

Lege ein Stück Folie auf eine Fläche mit starker Struktur. Reibe mit dem Finger über die Folie, bis die Struktur sichtbar wird.

Lege für ein Kreismuster ein Stück Papier auf die Sohle eines Turnschuhs und reibe mit Wachsmalstift darüber.

314 Weltraumcollage

Verwende die Reibetechnik für eine Weltraumcollage.

Schwarzer Wachsmalstift über rotes Papier gerieben

Die Krater auf dem Mond sind geprägt (siehe linke Seite).

Schwammdruck-Tiere

Mit dem Schwamm gedruckter Mond

315 **Eule auf einem Ast**

1. Klebe ein Stück Schwammtuch auf dünnen Karton. Zeichne einen einfachen Eulenkörper und schneide ihn aus.

2. Verteile dicke Farbe auf einem alten Teller. Drücke das Schwammtuch in die Farbe und mache einen Abdruck auf dunklem Papier.

3. Male, wenn die Farbe trocken ist, zwei Kreise für die Augen auf und einen Ast quer über das Papier, sodass die Eule darauf sitzt.

4. Lass die Farbe trocknen. Zeichne dann einen Punkt in jedes Auge. Male mit dickem Filzstift ein V als Schnabel und Zacken für Krallen auf.

Zeichne die Krallen über den Ast.

Diese Igel wurden mit der gleichen Schwammform gedruckt wie die Eulen.

316

Igel

Drucke einen Igel. Zeichne eine Nase auf das spitze Ende und Stacheln auf den Rücken.

Diese Blüten wurden mit der Fingerspitze auf die gemalten Zweige gedruckt.

317 Kleine Vögel

1. Gehe wie in Schritt 1 auf der linken Seite vor, aber schneide einen Halbkreis als Form aus. Zeichne Schnabel, Schwanz, Flügel, Füße und ein Auge.

318 Hühner

Tupfe mit der Fingerspitze rote Punkte auf den Kopf und unter das Kinn.

Male einen Hahn, der auf dem Zaun steht.

Papierschablonen

319 Piratenschablone

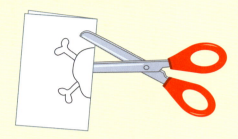

1. Falte ein kleines Stück festes Papier in der Mitte. Zeichne einen halben Totenkopf an die Faltkante und füge zwei Knochen hinzu, wie auf dem Bild. Schneide den Umriss sorgfältig aus.

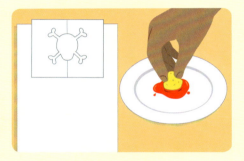

2. Falte die Schablone auf. Streiche sie glatt und lege sie auf ein Stück Papier. Verteile Farbe auf einem alten Teller und tauche ein Stück Schwamm hinein.

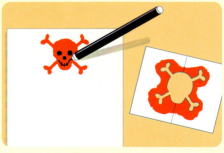

3. Tupfe Farbe über das Loch in der Schablone. Nimm die Schablone ab und lass die Farbe trocknen. Zeichne mit Filzstift Augen, Nase und einen grinsenden Mund mit Zähnen auf den Totenkopf.

320 Muscheln

Bastle eine Muschelschablone. Zeichne dafür diese Form auf gefaltetes Papier.

Drucke mehrere Reihen Muscheln auf Geschenkpapier.

321 Fische

Zeichne eine Form wie oben für eine Fischschablone.

Verziere ein Blatt Briefpapier unten mit einer Reihe Totenköpfe.

322 Sterne

Zeichne einen halben Stern an die Faltkante, wie auf dem Bild.

Drucke die Form auf einen (zugeklebten) Briefumschlag.

Weben mit Papier

Hier findest du viele Ideen für verschiedene Webarbeiten mit Papier. Wie es geht, ist auf Seite 117 genau beschrieben.

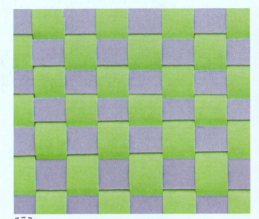
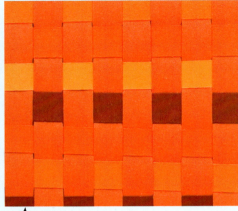

323 Einfaches Weben
Dieses Muster entsteht mit Papier in zwei Farben.

↳ Hier besteht das Muster aus Papierstreifen in ähnlichen Farben.

324 Krumm Gewebtes
Auf der Seite gegenüber wird erklärt, wie das geht.

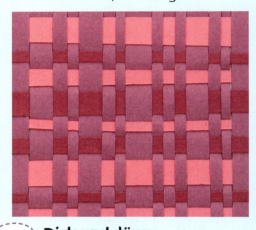

325 Über 2 unter 1
Führe dein Papier über zwei Streifen und unter einem hindurch.

↳ Für dieses Muster wurden die Streifen schräg zugeschnitten.

326 Dick und dünn
Webe mit breiten und schmalen Papierstreifen.

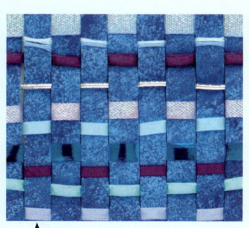
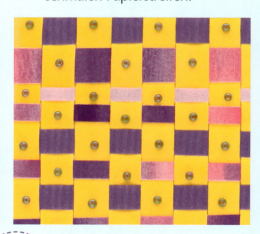

327 Recyceltes Papier
Webe mit Streifen aus altem Zeitungs-, Pack- und Geschenkpapier.

↳ Hierfür wurden Papier, Bänder und dicke Fäden verwendet.

328 Perlen
Klebe kleine Perlen auf deine Webarbeit, wie auf dem Bild.

Papier weben

1. Schneide ein Rechteck aus festem Papier zu. Lege ein Lineal an ein Ende und zeichne eine Linie quer über das Papier. Schneide gerade Schlitze in das Papier bis zu dieser Linie.

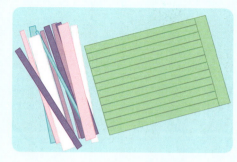

2. Schneide aus unterschiedlichem Papier viele Streifen zum Weben zu. Sie dürfen nicht kürzer sein, als das Rechteck breit ist, müssen aber nicht unbedingt genauso breit sein.

(329)

Gewebte Formen

Schneide aus gewebtem Papier Formen aus. Beklebe die ganze Rückseite, bevor du schneidest.

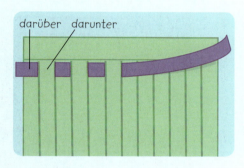

3. Führe einen der Papierstreifen erst über, dann unter einen der Streifen im Rechteck, wie auf dem Bild. Schiebe den Streifen dann nach oben bis an die Bleistiftlinie.

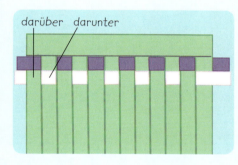

4. Webe den zweiten Streifen ein, beginne aber diesmal, indem du ihn erst unter, dann über die Streifen des Rechtecks führst. Schiebe ihn nach oben an den ersten Streifen.

Du kannst ein Herz für eine Valentinskarte basteln.

Krumm Gewebtes

5. Webe weitere Streifen wie in Schritt 3 und 4 ein. Befestige die Kanten hinten mit Klebeband. Schneide die Enden der Streifen ab und den oberen Rand gerade.

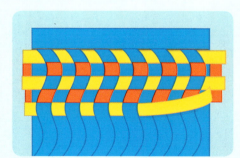

Statt gerader Schlitze kannst du Wellenlinien von der Bleistiftlinie bis zum unteren Rand zeichnen. Schneide daran entlang und webe dann mit geraden Streifen.

Die Mitte dieser Blüte besteht aus einem anderen gewebten Papier.

117

Register

Anhänger 56
Bedruckte Schlangen 94
Bilder aus Seidenpapier 18
Blätterdruck 40
Blumen drucken 34
Blumen malen 86
Bunte Girlanden 38
Bunte Käfer 16
Burgen zeichnen 6
Coole Cowboys 26
Dinosaurier malen 20
Eier verzieren 8
Eine Landschaft malen 30
Filzgesichter 100
Fingerdruck-Figuren 12
Gedruckte Schmetterlinge 28
Glitzerschmuck 90
Holzköpfe 106
Hübsche Masken 36
Hunde zeichnen 44
Im Weltraum 62
Karten prägen 110
Karten zum Aufstellen 54
Kartoffeldruck 78
Katzen zeichnen 104
Kleine Kugelmonster 25
Lesezeichen basteln 76
Libellen und Käfer 80
Lustige Monster 24
Mit dem Schwamm drucken 68

Mit Wachs und Farbe malen 102
Papier bemalen 52
Papiergirlanden 14
Papiermonster 72
Papierschablonen 114
Perlen und Pailletten 58
Piratenhüte 22
Pop-up-Karten 32
Pustemonster 42
Quilling 70
Recycling-Roboter 92
Reibetechnik 111
Schachteln verzieren 84
Schmetterlingscollage 10
Schneeflocken 82
Schwammdruck-Tiere 112
Strandtiere 108
Tiere aus Filz 48
Tiere aus Papier falten 66
Tiermasken 37
Türschilder 88
Unterwassercollage 46
Valentinskarten 98
Verkehrschaos 50
Vögel und Krabbeltiere 64
Weben mit Papier 116
Weihnachtsschmuck 60
Zauberhafte Feen 74
Zeitungscollage 96

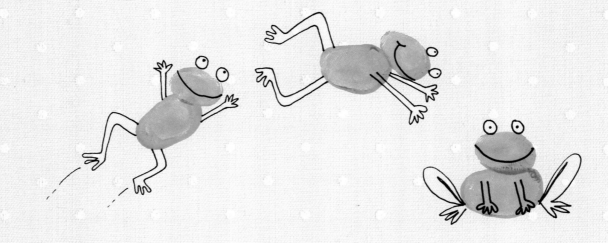

Bibliografische Information der Deutschen Nationalbibliothek:

Die Deutsche Nationalbibliothek verzeichnet diese Publikation
in der Deutschen Nationalbibliografie.
Detaillierte bibliografische Daten sind im Internet
über *http://dnb.d-nb.de* abrufbar.

4 3 2   14 13 12

© 2011 Ravensburger Buchverlag Otto Maier GmbH
Postfach 1860
88188 Ravensburg
Alle Rechte, auch die des auszugsweisen Nachdrucks,
der fotomechanischen Wiedergabe und der Übersetzung,
vorbehalten.

Umschlaggestaltung: Patrick Meider
Übersetzung: Susanne Bonn
Redaktion: Tina Beutner

Titel der Originalausgabe:
365 Things to make and do
© 2007, Usborne Publishing Ltd., London
Text: Fiona Watt
Illustrationen: Erica Harrison, Stella Baggott,
Katie Lovell, Non Figg, Antonia Miller, Vicky Arrowsmith,
Jessica Johnson, Katrina Fearn, Molly Sage
Fotos: Howard Allman

Printed in Germany

ISBN 978-3-473-55653-3

www.ravensburger.de